"공부습관 확실히 잡아 주는 공습국어"

•••• 공부습관을 잡으면 **성적과 학습능력은** 저절로 올라간다!

자기 분야에서 눈에 띄는 성과를 이루어 낸 많은 사람들은 한 목소리로 좋은 습관이 성공의 열쇠였다고 말합니다. 공부도 마찬가지입니다. 자신의 페이스를 꾸준히 유지하며 공부하는 습관을 들인다면 학습능력과 성적은 저절로 따라 올라갑니다.

•••• **올바른 공부습관**이 없다면 학습능력은 사상누각!

본격적인 학교 공부를 시작하는 시기인 초등학교. 바로 이때 공부습관을 제대로 잡아 주는 것이 무엇보다 중요합니다. 이때 형성된 공부습관이 이후 중·고등학교에서의 학업 성취도를 좌우하기 때문입니다.

•••• '워밍업 ➡ 해결전략연습 ➡ 의욕충전'의 3단계 학습법

본격적인 운동을 하기 전에 준비운동으로 몸을 풀면, 안전하고 더욱 효과적인 운동을 할 수 있습니다. 공부를 시작하기 전에도, 먼저 두뇌를 공부할 수 있는 상태로 풀어 주어야 더욱 효율적인 공부를 할 수 있습니다. 공습국어에서는 준비운동을 통해 두뇌를 공부 모드로 바꿔 준 다음, 해결전략을 연습하는 문제를 풉니다. 그리고 공부 의욕을 높이는 짧막한 글로 마무리하여 학교·학원 공부를 더욱 충실히 수행할 수 있도록 합니다.

▶ 다양한 퍼즐 ◀
공부를 시작하기 위한 준비운동

▶ 전략 훈련 문제 ◀
해결전략에 따라 순서대로
문제를 푸는 습관 키우기

▶ 마무리 글 ◀
긍정적인 공부 태도 충전

"공습으로 잡는 3대 공부습관"

···· 첫째, 스스로 공부하는 습관

잔소리를 해서 공부를 시키는 부모와 잔소리 때문에 억지로 공부하는 아이, 모두 스트레스를 받습니다. 그러나 억지로 하는 공부는 오히려 아이에게 공부에 대한 반감만 일으킬 뿐입니다. 일단 아이의 공부 부담부터 줄여 주세요. 남들 한다고 따라서 이것저것 아이에게 시키지 마세요. 이 시기에는 하루하루 꾸준히 스스로 공부하는 습관을 잡아 주는 것만으로도 충분합니다.

공습은 하루 10분, 부담 없이 재미있게 공부할 수 있습니다. 아이와 하루 10분 공습 공부를 약속하고 지켜 보세요. 시키지 않아도 스스로 공부하는 아이를 만날 수 있을 것입니다.

···· 둘째, 차례차례 문제를 해결하는 습관

긴 글만 보면 괜히 주눅이 들어서 자기가 가지고 있는 실력을 100퍼센트 발휘하지 못하는 아이들이 많습니다. 이것은 무엇보다 문제의 핵심이 무엇인지 파악하는 훈련이 되어 있지 않기 때문입니다. 학년이 올라갈수록 문제를 분석하여 해결 방법을 찾는 능력이 많이 요구됩니다. 초등학교 때부터 차례차례 문제를 해결하는 방법을 훈련하여, 이를 습관으로 만들어야 합니다.

공습은 절차적 문제해결전략을 반복해서 훈련함으로써, 핵심을 잡아내는 공부습관을 만듭니다.

···· 셋째, 꾸준히 공부하는 습관

하루 세 끼 규칙적으로, 알맞은 양을 먹는 것이 건강을 지키는 방법입니다. 공부도 마찬가지입니다. 매일매일 아이가 할 수 있는 양만큼만 꾸준히 공부한다면, 아이는 공부와 시험에 대한 부담을 덜어 내고, 자신의 실력을 차곡차곡 쌓을 수 있습니다. 꾸준히 공부하기 위해서, 우선 아이 스스로가 공부는 할 만한 것이라는 자신감과 재미를 가져야 합니다.

공습은 문제해결전략만 이해하면 누구나 풀 수 있습니다. 따라서 아이는 문제를 풀면서 자신감을 갖게 되고, 이러한 자신감은 공부에 대한 재미로 이어져 꾸준히 공부할 수 있는 습관을 만듭니다.

"공습 훈련 프로그램 – 공습국어 초등독해"

•••• 글을 빠르고 정확하게 읽는 습관을 잡는다.

책을 많이 읽는 아이가 반드시 국어 성적이 좋은 것은 아닙니다. 한쪽으로 치우친 소재와 갈래의 글만 읽거나, 책을 덮고 나면 읽은 내용이 무엇인지 모르는 아이에게 또 어떤 잔소리를 하시겠습니까? 책 읽은 양만큼 국어 능력을 올리려면, 책을 읽고 난 다음에 글 전체의 짜임, 글의 내용, 글의 주제 등을 읽어 내려는 노력이 있어야 합니다. 공습국어 초등독해는 다양한 소재와 형식의 글을 제시하여 아이의 편독을 줄이고, 또 글을 빠르고 정확하게 읽는 방법을 반복적으로 훈련합니다. 그래서 아이가 언제, 어디서, 어떤 글을 읽더라도 글의 핵심을 제대로 집어낼 수 있도록 만듭니다. 공습국어 초등독해는 아이에게 책을 사 주는 것 말고는 달리 방법을 모르는 부모 대신 제대로 글 읽는 법을 가르칩니다.

•••• 감 못 잡고 권수만 채우던 읽기에서 핵심을 쏙쏙 뽑아내는 체계적인 읽기로

어릴 때부터 꾸준하고 올바르게 다듬어진 독해 능력은 모든 학습의 밑바탕이 됩니다. 글의 종류와 짜임, 그리고 상황에 맞게 핵심을 찾아 읽어 내는 것을 '정독'이라고 합니다. 그러나 책을 많이 읽는다고 해서 누구나 정독을 하고 있는 것은 아닙니다. 많은 양의 독서가 저절로 정독 습관을 가져다주는 것도 아닙니다. 다양한 글을 본격적으로 읽기 시작하는 초등학교 단계에서부터 글을 제대로 읽을 수 있는 틀을 다져 주어야 합니다. 공습국어 초등독해는 다양한 글을 읽고 글의 핵심을 체계적으로 파악하는 전략을 훈련시키며, 나아가 이를 습관화시키는 과학적 프로그램입니다.

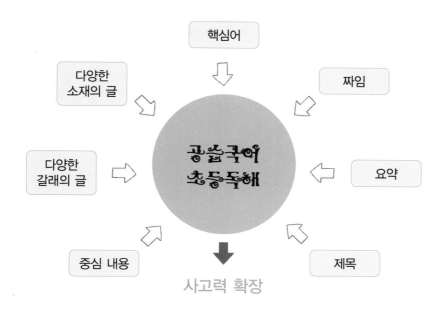

"『공습국어 초등독해』 활용 방법 보기"

하나 처음 일주일 정도는 아이와 함께 하세요.

공습국어 초등독해의 독해 전략을 아이가 이해할 수 있도록 일주일 정도는 아이와 함께 문제를 풀어 보세요. 각 각의 전략 단계를 어떻게 풀면 되는지 설명해 주고, 채점을 통해 다시 한번 짚어 줍니다.

둘 매일 1회분씩 꾸준히 하도록 유도하되 강요하지 마세요.

아이에게 공부하라고 말하기 전에, 먼저 공부할 수 있는 환경과 조건을 만들어 주세요. 그리고 아이가 스스로 공부할 때 까지 지켜봐 주세요. 또한 하루에 1회분 이상 진도를 나가지 않도록 지도해 주세요. 하루에 2회분 이상의 문제를 푸는 것은 꾸준한 공부 습관 형성에 방해가 될 수 있습니다.

셋 아이의 수준에 맞게 단계별로 선택하세요.

독해 능력은 시간에 여유를 두고 차근차근 키워 가는 것입니다. 선행 학습을 시킬 마음에 무리해서 높은 단계를 풀게 하면, 아이가 글을 읽는 재미를 잃어버릴 수 있습니다. 또한 도전 시간을 통과하고 점수를 잘 받도록 하기 위해, 아이의 실력에 비해 너무 낮은 단계를 풀게 하면 독해 능력이 향상되지 않습니다.

공습국어 초등독해는 단기적으로 국어 '성적'을 높이기 위한 교재가 아닙니다. 공습국어 초등독해의 목적은 국어 '능력'을 높이는 것으로, 이것은 장기간의 훈련과 노력을 필요로 합니다. 아이의 독해 실력에 맞는 단계를 선택할 때 최고의 효과를 얻을 수 있습니다.

단계	구성	글의 소재	글의 갈래
1·2학년	30회		
3·4학년	30회	사회, 역사, 시사, 인물, 언어, 문화, 과학, 예술, 종교, 정치, 경제, 건강, 상식 등	설명하는 글, 주장하는 글, 인터뷰 형식의 글, 기사글, 대화글 등
5·6학년	30회		

넷 걸린 시간과 정답 개수를 꼭 적도록 하세요.

*공습국어 초등독해*는 문제마다 걸린 시간과 정답 개수를 적도록 하고 있습니다. 아이들이 문제를 푼 다음, 걸린 시간을 적을 수 있도록 미리 시계를 준비해 주세요. 제시문의 길이와 난이도, 문제의 개수에 따라 도전 시간에 차이를 두었습니다. 욕심이 앞서서 글 읽기와 문제 풀이의 속도만 높이려 한다면 올바른 독해 습관을 익히는 데 해가 됩니다. 얼마나 빨리, 많이 푸느냐가 중요한 것이 아닙니다. 정독 능력과 사고력을 동시에 키우려면 문제 하나하나를 이해하고 파악해야 합니다. 도전 시간을 주고 걸린 시간과 정답 개수를 적게 하는 것은 집중력을 높이고 실력 향상의 재미를 느끼게 하기 위한 장치임을 꼭 기억하세요.

다섯 우리 아이, 이럴 땐 이렇게 하세요.

• 도전 시간 안에, 틀린 답 없이 문제를 풉니다.

　뛰어난 독해 능력을 지녔습니다. 꾸준하게 훈련하면 글의 핵심을 파악하는 능력과 동시에 언어사고력 또한 발달할 것입니다.

• (도전 시간을 기준으로) 걸린 시간은 매우 짧은데, 정답률이 낮습니다.

　문제풀이전략을 이해하지 못한 상태에서 건성으로 문제를 푼 것입니다. 문제의 틀을 이해시키고, 한 문제 한 문제 같이 풀어 보는 과정이 필요합니다.

• (도전 시간을 기준으로) 걸린 시간은 길지만, 정답률은 높습니다.

　전략에 따른 문제 해결이 아직 익숙하지 않거나, 집중력이 오래 가지 못하는 것입니다. 그럼에도 문제를 꼼꼼하게 풀어낸 아이의 끈기를 칭찬해 주시고, 하루하루 지켜봐 주세요. 그리고 주변 환경을 정리하고 부모가 직접 시간을 재서 아이의 집중력이 흐트러지지 않게끔 도와줍니다.

• (도전 시간을 기준으로) 걸린 시간은 긴데, 정답률이 낮습니다.

　문제풀이전략을 이해하지 못한 상태이며, 집중력 또한 떨어지는 것입니다. 옆에서 좀 더 지켜보며 문제 풀이를 설명해 주세요. 그리고 같이 소리 내어 제시문을 읽어 보거나 색깔 연필로 표시하며 문제를 푸는 등의 활동을 통해 문제 풀이에 대한 집중력과 재미를 길러 줍니다.

"『공습국어 초등독해』구성 한눈에 보기"

공습국어 초등독해는 공부를 시작하기 위한 준비운동인 「머리 풀어주는 퍼즐」과 본격적인 문제해결전략을 연습하는 「빠르고 정확하게 읽기」(❶핵심어 찾기, ❷글의 짜임 그리기, ❸요약하기, ❹제목 달기), 그리고 공부 의욕을 높여 주는 「생각 다지는 글」로 구성되어 있습니다.

준비운동 – 머리 풀어 주는 퍼즐
다양한 퍼즐을 통해 두뇌를 공부 모드로 전환하고 아울러 창의사고력을 키웁니다.

제시문
다양한 소재를 다양한 갈래의 글로 표현하였습니다.

❶ 핵심어 찾기
핵심어를 찾으며 자연스럽게 글을 다시 한 번 읽고, 중요 내용을 눈에 담아 두도록 하는 문제입니다.

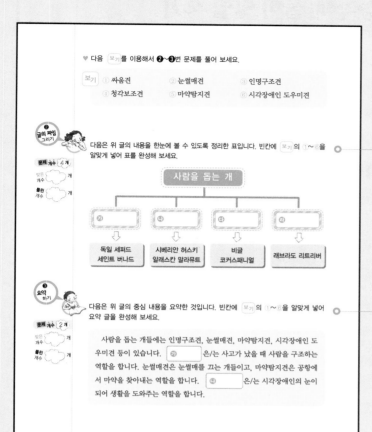

♥ 다음 보기를 이용해서 ❷~❸번 문제를 풀어 보세요.

보기
① 싸움견
② 눈썰매견
③ 인명구조견
④ 청각보조견
⑤ 마약탐지견
⑥ 시각장애인 도우미견

❷ 글의 짜임 그리기

문제 개수 4 개
맞은 개수 ___ 개
틀린 개수 ___ 개

다음은 위 글의 내용을 한눈에 볼 수 있도록 정리한 표입니다. 빈칸에 보기의 ①~⑥을 알맞게 넣어 표를 완성해 보세요.

사람을 돕는 개

㉮ → 독일 세퍼드 세인트 버나드
㉯ → 시베리안 허스키 알래스칸 말라뮤트
㉰ → 비글 코커스패니얼
㉱ → 래브라도 리트리버

❸ 요약하기

문제 개수 2 개
맞은 개수 ___ 개
틀린 개수 ___ 개

다음은 위 글의 중심 내용을 요약한 것입니다. 빈칸에 보기의 ①~⑥을 알맞게 넣어 요약 글을 완성해 보세요.

사람을 돕는 개들에는 인명구조견, 눈썰매견, 마약탐지견, 시각장애인 도우미견 등이 있습니다. ㉮ 은/는 사고가 났을 때 사람을 구조하는 역할을 합니다. 눈썰매견은 눈썰매를 끄는 개들이고, 마약탐지견은 공항에서 마약을 찾아내는 역할을 합니다. ㉱ 은/는 시각장애인의 눈이 되어 생활을 도와주는 역할을 합니다.

❷ 글의 짜임 그리기

복잡한 글도 간단한 도식(표나 그림)으로 정리하여, 글의 내용과 짜임을 한눈에 파악할 수 있도록 하는 문제입니다.

❸ 요약하기

❷의 결과를 문장으로 정리하는 문제입니다. 요약 글을 쓰는 방법을 알게 되고, 조각말들을 자연스럽게 연결하여 문장을 완성하는 훈련을 할 수 있습니다.

❹ 제목 달기

글에 가장 알맞은 제목을 찾는 문제입니다. 글과 제목 후보와의 관계에 대해 '왜 답일까?', 또는 '왜 답이 아닐까?'를 고민하며 사고력을 키울 수 있습니다. 또한 어떤 글이나 상황을 보고 그것을 한 번에 나타낼 수 있는 표현, 즉 핵심을 찾는 감을 키울 수 있습니다.

마무리 – 생각 다지는 글

공부에 도움이 되는 이야기, 좋은 생활 습관을 다지는 이야기 등 부모가 아이에게 해 주고 싶은 이야기를 다양하게 싣고 있습니다.

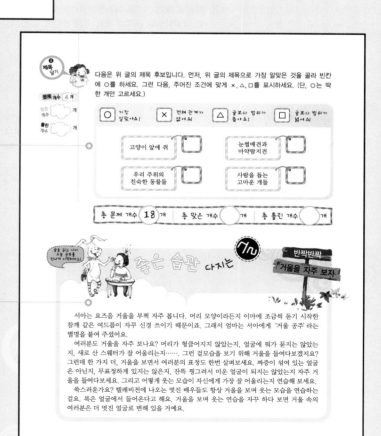

❹ 제목 달기

문제 개수 4 개
맞은 개수 ___ 개
틀린 개수 ___ 개

다음은 위 글의 제목 후보입니다. 먼저, 위 글의 제목으로 가장 알맞은 것을 골라 빈칸에 ○를 하세요. 그런 다음, 주어진 조건에 맞게 ×, △, □를 표시하세요. (단, ○는 딱 한 개만 고르세요.)

○ 가장 알맞아요!
× 전혀 관계가 없어요!
△ 글보다 범위가 좁아요!
□ 글보다 범위가 넓어요!

고양이 앞에 쥐 □
눈썰매견과 마약탐지견 □
우리 주위의 친숙한 동물들 □
사람을 돕는 고마운 개들 □

총 문제 개수 18 개   총 맞은 개수 ___ 개   총 틀린 개수 ___ 개

좋은 습관 다지는 ⑦ 반짝반짝 '거울을 자주 보자!'

서아는 요즘은 거울을 부쩍 자주 봅니다. 머리 모양이라든지 이마에 조금씩 돋기 시작한 참깨 같은 여드름이 자꾸 신경 쓰이기 때문이죠. 그래서 엄마는 서아에게 '거울 공주'라는 별명을 붙여 주었어요.
여러분도 거울을 자주 보나요? 머리가 헝클어지지 않았는지, 얼굴에 뭐가 묻지는 않았는지, 새로 산 스웨터가 잘 어울리는지…… 그런 겉모습을 보기 위해 거울을 들여다보겠지요? 그런데 한 가지 더, 거울을 보면서 여러분의 표정도 한번 살펴보세요. 짜증이 섞여 있는 얼굴은 아닌지, 무표정하게 있지는 않은지, 잔뜩 찡그려서 미운 얼굴이 되지는 않았는지 자주 거울을 들여다보세요. 그리고 어떻게 웃는 모습이 자신에게 가장 잘 어울리는지 연습해 보세요.
쑥스러운가요? 텔레비전에 나오는 멋진 배우들도 항상 거울을 보며 웃는 모습을 연습하는 걸요. 복은 얼굴에서 들어온다고 해요. 거울을 보며 웃는 연습을 자꾸 하다 보면 거울 속의 여러분은 더 멋진 얼굴로 변해 있을 거예요.

● 오늘의 읽기 자료입니다. 잘 읽고 문제를 풀어 보세요.

　살을 빼기 위한 방법에는 자신에게 잘 맞는 운동하기, 음식 조절하기, 규칙적으로 잠자기 등이 있습니다. 어느 한 가지 방법만을 사용하는 것보단 여러 방법을 적절하게 사용하는 것이 건강을 유지하면서 살도 뺄 수 있는 좋은 방법입니다. 먼저 운동을 통해 살을 빼는 방법에 대해 알아볼 것입니다. 살을 빼기 위한 운동을 할 때는, 유산소 운동과 무산소 운동을 적당히 섞어서 하는 것이 중요합니다.

　'유산소 운동'이란 운동할 때 산소가 필요한 운동입니다. 주로 배에 있는 지방을 에너지로 사용하며, 운동한 뒤에 덜 피곤하다는 장점이 있습니다. 그래서 유산소 운동에는 나이가 든 분들도 할 수 있는 운동이 많습니다. 걷기, 달리기, 수영, 등산, 에어로빅 같은 운동이 유산소 운동입니다.

　'무산소 운동'은 운동할 때 산소가 필요 없는 운동입니다. 무산소 운동은 근육의 크기와 힘을 키워 줍니다. 무산소 운동은 정확한 자세를 배워야 하기 때문에 좀 번거롭기는 하지만, 일단 자세가 몸에 익으면 매우 안전하게 운동을 할 수 있습니다. 무산소 운동에는 100미터 달리기나 골프, 테니스, 근력 트레이닝 등이 있습니다.

1-1. 핵심어 찾기 : 다음 어휘들이 위 글에서 몇 번씩 나왔는지 개수를 세어 보세요. 많이 등장한 어휘일수록 글의 주제와 가장 관련이 깊은 핵심어입니다.

무산소 운동	지방	유산소 운동	음식 조절하기	에어로빅	힘
(5)번	(1)번	(4)번	(1)번	(1)번	(1)번

1-2. 핵심어 찾기 : 다음 어휘 중에 위 글에 나온 어휘가 있으면 빈칸에 동그라미 하세요. 동그라미 한 어휘들이 위 글의 주제와 가장 관련이 높은 핵심어입니다.

무산소 운동	헬스클럽	유산소 운동	요가	운동	암벽등반
○	×	○	×	○	×

표 안의 어휘들이 지문에 나왔는지 확인합니다. 종류가 비슷하거나 글을 제대로 읽지 않으면 헷갈릴 만한 보기들이 있기 때문에 제시문을 잘 확인해야 합니다. 제시문의 해당 어휘에 표시를 하면서 답을 달도록 합니다.

표 안의 어휘들이 지문에 몇 번 등장했는지 세어 봅니다. 제시문의 해당 어휘에 표시를 하면서 숫자를 세도록 합니다.

♥ 다음 보기를 이용해서 2~3번 문제를 풀어 보세요.

보기
① 걷기   ② 테니스   ③ 등산
④ 수영   ⑤ 근력 트레이닝   ⑥ 골프
⑦ 산소가 필요 없는 운동   ⑧ 산소가 필요한 운동   ⑨ 유산소 운동
⑩ 무산소 운동

2. 글의 짜임 그리기 : 다음은 위 글의 내용을 한눈에 볼 수 있도록 정리한 표입니다. ㉮~㉱에 보기의 ①~⑩을 알맞게 넣어 표를 완성해 보세요.

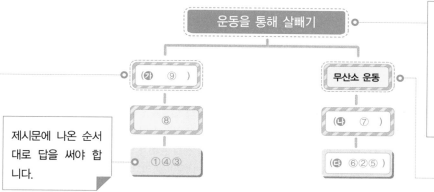

살을 빼기 위해 운동을 하는 것이라면 유산소 운동(⑨)과 무산소 운동을 잘 섞어서 하는 것이 중요합니다.

제시문에 나온 순서대로 답을 써야 합니다.

운동을 통해 살빼기

(㉮   ⑨)   무산소 운동

⑧   (㉯   ⑦)

①④③   (㉰   ⑥②⑤)

3. 요약하기 : 다음은 위 글의 중심 내용을 요약한 것입니다. ㉮~㉲에 보기의 ①~⑩을 알맞게 넣어 요약 글을 완성해 보세요.

살을 빼기 위해 운동을 할 때는, 유산소 운동과 (㉮   ⑩)을 잘 섞어서 하는 것이 중요합니다. 유산소 운동은 (㉯   ①), (㉰   ④), 달리기, 등산, 에어로빅처럼 운동할 때 (㉱   ⑧)입니다. 반대로 100미터 달리기, 골프, 테니스, 근력 트레이닝과 같은 (㉲   ⑩)은 운동할 때 산소가 필요 없는 운동입니다.

유산소 운동(⑨)은 산소가 필요한 운동(⑧)을 말하며, 걷기(①), 등산(③), 수영(④)이 그 예입니다.

2번의 짜임을 문장으로 연결한 것으로, 제시문의 주요 내용을 뽑아 간추리는 작업입니다.

무산소 운동은 산소가 필요 없는 운동(⑦)을 말하며, 골프(⑥), 테니스(②), 근력 트레이닝(⑤)이 그 예입니다.

4. 제목 달기 : 다음은 위 글의 제목 후보입니다. 먼저, 위 글의 제목으로 가장 알맞은 것을 골라 빈칸에 ○를 하세요. 그런 다음, 주어진 조건에 맞게 ×, △, □를 표시하세요. (단, ○는 딱 한 개만 고르세요.)

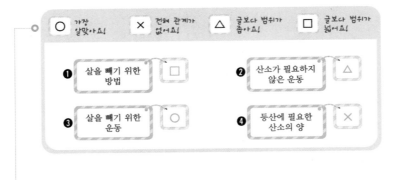

먼저 글의 내용을 가장 적절하게 대표하는 제목 후보를 골라 ○표를 합니다. 그런 다음 ×, △, □ 표시를 합니다. ○를 제외한 나머지 부호들은 들어가지 않거나 몇 번 반복해서 들어가는 경우가 있으니 지도에 유의해 주세요. 글에 나온 내용과 전혀 관계가 없는 후보일 경우에는 ×표를 합니다. 글에 나온 내용이긴 하지만 글의 일부 내용만을 담고 있어서 글 전체를 포함하지 못하는 후보일 경우에는 △표를 합니다. 글에서 제시한 소재나 내용보다 범위가 넓은 후보일 경우에는 □표를 합니다.

❶ 이 글은 살을 빼는 여러 가지 방법 중에서 운동에 대해 말하고 있습니다. 운동은 살을 빼는 여러 방법 중 하나이기 때문에 이 후보는 글에 비해 범위가 너무 넓은 제목입니다.

❷ 이 글은 '산소가 필요하지 않은 운동'인 '무산소 운동'뿐 아니라 '산소가 필요한 운동'인 '유산소 운동'에 대해서도 설명하고 있습니다. 그렇기 때문에 전체를 담기에는 너무 범위가 좁은 제목입니다.

❸ 이 글은 살을 빼는 여러 방법 중에서 특히 운동에 대해 이야기하고 있기 때문에 이 글을 가장 대표할 수 있는 제목입니다.

❹ 글에서 전혀 다루지 않은 내용이므로 이 글과는 관계없는 제목입니다.

차례

Contents

공습을 시작하며...

• • • • 매일 매일 즐거운 마음으로 공습국어 초등독해 1회부터 30회
까지 꾸준히 풀어 보세요. 자, 준비됐나요? 그럼 신나게 시작해 보세요!

01회

머리 풀어주는 퍼즐

도전 시간	
00 분	20 초

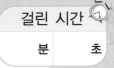

걸린 시간	
분	초

창의사고력 기초 다지기   주의집중력 쑥~

다음에 제시된 그림들이 종류별로 각각 몇 장씩 있는지 세어 보세요.

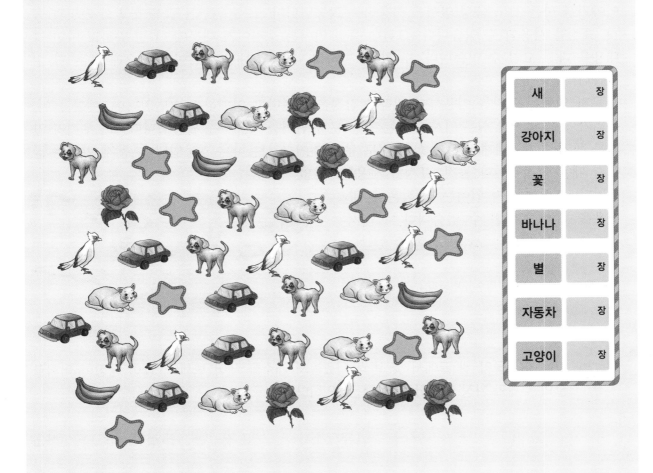

새	장
강아지	장
꽃	장
바나나	장
별	장
자동차	장
고양이	장

빠르고 **정확**하게 **읽기**

● 오늘의 읽기 자료입니다. 잘 읽고 문제를 풀어 보세요.

우리의 생각과 감정을 표현하고 다른 사람의 생각과 감정을 이해하는 방법에는 음성 언어와 문자 언어가 있습니다.

음성 언어는 소리를 이용하여 생각과 감정을 표현하고 이해하는 방법입니다. 예를 들어, 우리가 학교에서 선생님의 말씀을 듣거나 친구의 이야기를 듣는 것은 음성 언어를 사용하는 활동입니다. 또 학교에서 있었던 즐거운 일을 엄마에게 이야기하거나 언니와 동생에게 고민 이야기를 하는 것도 음성 언어를 사용하는 활동입니다. 음성 언어는 말을 하면서 손짓과 몸짓, 표정을 사용할 수 있습니다. 그런데 음성 언어는 소리이기 때문에 한 번 말하고 나면 그 내용을 다시 고칠 수 없습니다. 또 한 번 말하고 나면 그 내용이 날아가서 오래 보존*할 수 없습니다.

문자 언어는 문자를 이용하여 생각과 감정을 표현하고 이해하는 방법입니다. 예를 들어, 우리가 책을 읽거나 신문 기사를 읽는 것은 문자 언어를 사용하는 활동입니다. 또, 우리가 일기를 쓰거나 친구에게 편지를 쓰는 것도 문자 언어를 사용하는 활동입니다. 문자 언어는 글이기 때문에 손짓이나 몸짓, 표정을 사용할 수 없습니다. 대신에 문자 언어는 다 적은 후에도 내용을 더하거나 뺄 수 있습니다. 그래서 문자 언어로 쓴 글은 오래 보존할 수 있답니다.

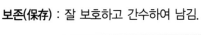

보존(保存) : 잘 보호하고 간수하여 남김.

❶ 핵심어 찾기

다음 어휘들이 위 글에서 몇 번씩 나왔는지 개수를 세어 보세요. 많이 등장한 어휘일수록 글의 주제와 가장 관련이 깊은 핵심어입니다.

문제 개수 6 개

맞은 개수 ___ 개

틀린 개수 ___ 개

고민	문자 언어	신문 기사	표정	음성 언어	학교

♥ 다음 보기 를 이용해서 ❷~❸번 문제를 풀어 보세요.

❷ 글의 짜임 그리기

문제 개수 3 개

맞은 개수 ◯ 개

틀린 개수 ◯ 개

다음은 위 글의 내용을 한눈에 볼 수 있도록 정리한 표입니다. ㉮~㉰에 보기 의 ①~⑦을 알맞게 넣어 표를 완성해 보세요.

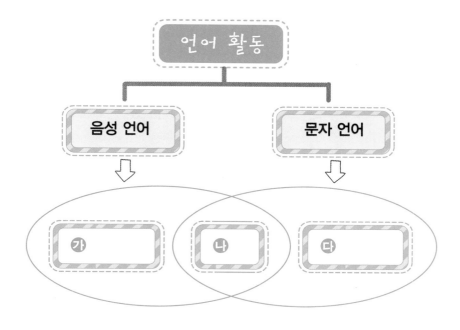

❸ 요약하기

문제 개수 2 개

맞은 개수 ◯ 개

틀린 개수 ◯ 개

다음은 위 글의 중심 내용을 요약한 것입니다. ㉮, ㉯에 보기 의 ①~⑦을 알맞게 넣어 요약 글을 완성해 보세요.

　　언어 활동에는 음성 언어를 사용하는 방법과 문자 언어를 사용하는 방법이 있는 데, 음성 언어와 문자 언어는 모두 생각과 감정을 표현하고 이해하는 방법이다. 음성 언어는 ㉮ [　　　　] 등의 특징을 가지고, 문자 언어는 ㉯ [　　　　] 등 의 특징을 가진다.

다음은 위 글의 제목 후보입니다. 먼저, 위 글의 제목으로 가장 알맞은 것을 골라 빈칸에 ○를 하세요. 그런 다음, 주어진 조건에 맞게 ×, △, □를 표시하세요. (단, ○는 딱 한 개만 고르세요.)

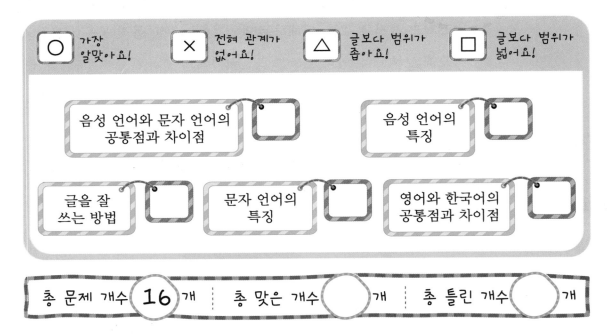

○ 가장 알맞아요!   × 전혀 관계가 없어요!   △ 글보다 범위가 좁아요!   □ 글보다 범위가 넓어요!

음성 언어와 문자 언어의 공통점과 차이점

음성 언어의 특징

글을 잘 쓰는 방법

문자 언어의 특징

영어와 한국어의 공통점과 차이점

총 문제 개수 16 개   총 맞은 개수   개   총 틀린 개수   개

글을 읽고 나서 오늘 공부를 신나게 시작하자고!

마음에 힘이 되는 글

나는 누구인가?

　사람의 삶을 계절로 표현한다면 여러분의 나이는 이제 푸릇푸릇하게 새싹이 돋아나는 봄이라고 할 수 있겠지요. 그래서 열두 살, 열세 살부터 시작되는 '사춘기'는 한자말 그대로 풀이하면 '봄을 생각하는 시간'이라는 뜻이기도 해요.

　방정환 선생님은 여러분을 일러 '또래 모임에서 친구를 사귀기 시작할 때부터 부모의 보호에서 벗어나고 싶어 하는 나이로, 사람으로서 기억력이 가장 왕성하고 모방심이 강하며 감수성이 예민하여 주위 환경에 물들기 쉬운 시기'라고 말씀하셨어요.

　열두 살 즈음이 되면 2차 성징이 일어나 몸도 변하고, 마음도 시시각각 변해서 그전과는 다른 생각과 다른 행동을 하기도 하지요. 이유 없이 화가 나고, 어른들께 반항하고 싶은 마음이 들기도 해요. 그러나 잊지 마세요. 지금의 시간은 누구나 한번은 꼭 지나쳐 가는 인생의 봄이라는 사실을. 바로 '나'에 대해 고민하라고 주신 선물의 시간이라는 걸요.

02회

공부를 시작할 때도 준비운동이 필요하다고! 하나둘 하나둘

머리 풀어주는 퍼즐

도전 시간	걸린 시간
00 분 15 초	분 초

창의사고력 기초 다지기 연상추리력 쑥~

다음 퍼즐 조각을 알맞은 위치에 넣어 퍼즐을 완성시켜 보세요.

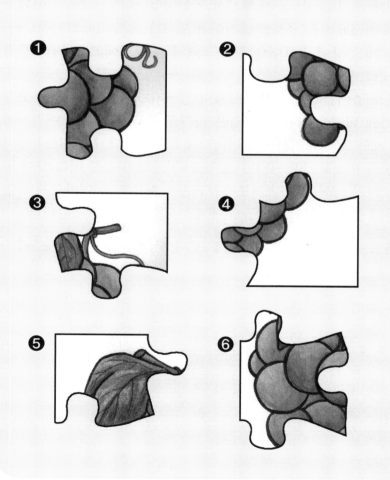

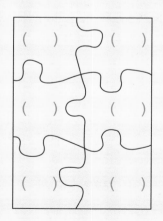

빠르고 **정확**하게 **읽기**

○ **오늘의 읽기 자료입니다. 잘 읽고 문제를 풀어 보세요.**

'에페소스'는 옛날에 크게 성장했던 해양 도시입니다. 그런데, 오늘날 우리는 '에페소스'의 모습을 볼 수 없답니다. 에페소스 가 있던 자리는 흔적만 남아 있기 때문이지요. 크게 성장했던 에페소스가 멸망하여 흔적만 남아 있는 이유는 무엇일까요? 많 은 사람들은 아마도 생태계*의 변화 때문에 이 도시가 멸망했을 것이라고 생각하고 있습니다.

아주 먼 옛날, 사람이 살기 전에 에페소스는 숲이 무성한 지역이었습니다. 그러나 에페소 스 지역에 사람들이 살기 시작하자 에페소스는 점점 발전하여 도시가 생겨나게 되었습니다. 사람들은 농사를 지을 땅과 집을 지을 땅이 필요했습니다. 그래서 숲을 없애고 그 자리에 집 을 짓고 농사를 지었습니다.

숲이 줄어들자 숲 속의 나무들도 줄어들었습니다. 나무들이 없어지자 숲 속의 흙들이 고정 되지 못하고 빗물에 씻겨 내려가게 되었습니다. 이 흙들은 바다로 흘러가 바다가 메워지게 되었습니다. 그래서 에페소스는 해양 도시의 기능을 잃어버리게 되었습니다. 또 나무가 없어 진 숲은 물을 저장하지 못해서 물을 하늘로 증발시킬 수 없었습니다. 그러자 곧 비의 양이 줄 어들게 되었습니다. 비가 내리지 않자 날씨는 금방 건조해지고 농사지을 땅도 메마르게 되었 습니다. 결국 에페소스에는 흉년이 들게 되었고 사람들도 에페소스를 떠나게 되었습니다.

생태계(生態系) : 일정한 지역에 사는 생물 공동체와 환경이 서로 복잡한 상호 의존 관계를 유지하면서 균형과 조화를 이루는 자연의 체계

① 핵심어 찾기

다음 어휘들이 위 글에서 몇 번씩 나왔는지 개수를 세어 보세요. 많이 등장한 어휘일수록 글의 주제와 가장 관련이 깊은 핵심어입니다.

문제 개수 6 개

맞은 개수 ⬚ 개

틀린 개수 ⬚ 개

해양 도시	숲	바다	집	에페소스	흙

♥ 다음 보기를 이용해서 ❷~❸번 문제를 풀어 보세요.

보기
① 흉년이 듦.
② 바다가 메워짐.
③ 물의 순환이 제대로 되지 못함.
④ 내리는 비의 양이 줄어듦.
⑤ 해양 도시의 기능을 잃어버림.
⑥ 숲의 흙이 빗물에 씻겨 내려감.
⑦ 에페소스의 멸망

❷ 글의 짜임 그리기

문제 개수 **4** 개

맞은
개수 ⬜ 개

틀린
개수 ⬜ 개

다음은 위 글의 내용을 한눈에 볼 수 있도록 정리한 표입니다. 가~라에 보기의 ①~⑦을 알맞게 넣어 표를 완성해 보세요.

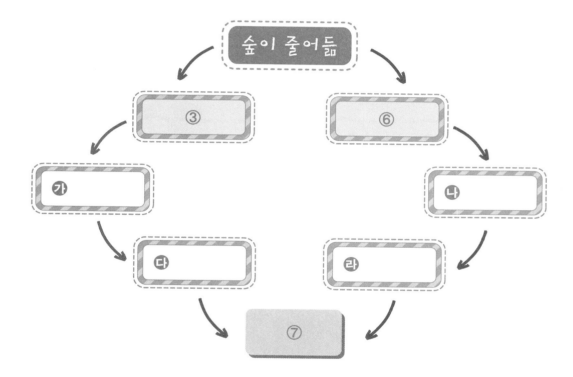

❸ 요약 하기

문제 개수 **3** 개

맞은
개수 ⬜ 개

틀린
개수 ⬜ 개

다음은 위 글의 중심 내용을 요약한 것입니다. 가~다에 보기의 ①~⑦을 알맞게 넣어 요약 글을 완성해 보세요.

에페소스의 멸망 원인은 생태계의 변화 때문이다. 에페소스에 사람들이 모여들고 도시가 커지자 숲이 줄어들게 되었고, 가 에 따라 나 으로 인해 흉년이 들었다. 또 숲의 흙이 빗물에 씻겨 내려가 다 에 따라 해양 도시의 기능을 잃어버려 점차 사람들이 에페소스를 떠나게 되었다.

다음은 위 글의 제목 후보입니다. 먼저, 위 글의 제목으로 가장 알맞은 것을 골라 빈칸에 ○를 하세요. 그런 다음, 주어진 조건에 맞게 ×, △, □를 표시하세요. (단, ○는 딱한 개만 고르세요.)

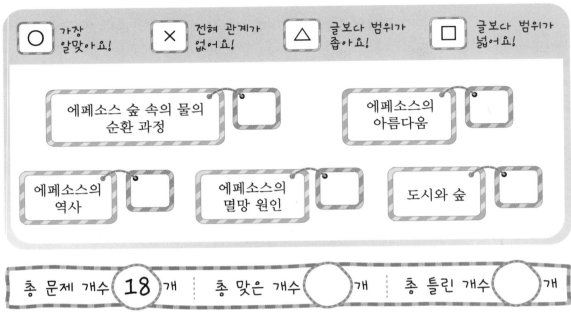

○ 가장 알맞아요!   × 전혀 관계가 없어요!   △ 글보다 범위가 좁아요!   □ 글보다 범위가 넓어요!

에페소스 숲 속의 물의 순환 과정 ☐

에페소스의 아름다움 ☐

에페소스의 역사 ☐

에페소스의 멸망 원인 ☐

도시와 숲 ☐

총 문제 개수 **18** 개 | 총 맞은 개수 ◯ 개 | 총 틀린 개수 ◯ 개

글을 읽고 나녀 오늘 공부를 신나게 시작하자고!

마음에 힘이 되는 수요

나만의 친구를 만들자!

　여러분은 '안네의 일기'라는 한 유태인 소녀의 이야기를 읽어 봤나요? 제2차 세계 대전이 유럽을 휩쓸던 시절, 무서운 독일 나치들에게 쫓겨 가족들과 비밀의 방에 갇힌 채 하루하루를 가슴 졸이며 살아가던 안네 프랑크. 하지만 안네는 절망 속에서도 꿈과 희망을 잃지 않고 하루하루를 알차게 살아갑니다. 바로 그녀의 곁에는 '키티'라고 하는 소중한 친구가 있었기 때문이죠. '키티'는 안네가 생일날 선물로 받은 일기장이에요. 그냥 일기장이 아니라 안네가 모든 이야기를 털어놓을 수 있는 그녀만 아는 비밀 친구였지요. 안네는 매일매일 키티와 이야기를 나누며 마음속에 가득한 희망의 풍선을 놓지 않습니다.

　여러분도 이런 '나만의 친구'를 가지고 있나요? 어릴 적부터 가지고 놀던 곰 인형이라도 좋아요. 내 마음을 적어 둘 수 있는 노트라면 더 좋겠지요. 색연필로 쓱쓱 그릴 수 있는 작은 스케치북도 상관없어요. 무엇이든 마음이 답답하거나 괜스레 울적해질 때 속 시원히 털어놓을 친구를 만들어 보세요. 여러분이 힘든 순간에 가장 소중한 친구가 될 테니까요.

도전 시간	걸린 시간
00 분 25 초	분 초

창의사고력 기초 다지기 판단능력 쑥~

다음 그림에는 1부터 30까지 숫자가 있습니다. 짝수만 골라 동그라미 하세요.

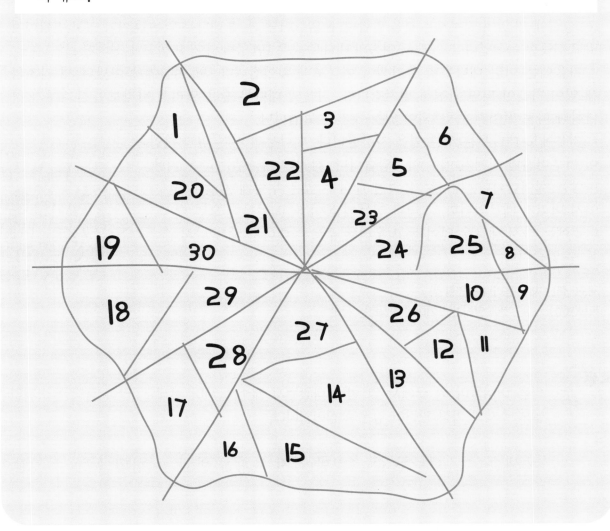

빠르고 **정확**하게 **읽기**

● 오늘의 읽기 자료입니다. 잘 읽고 문제를 풀어 보세요.

대나무 숲은 봄, 여름, 가을, 겨울 사계절에 따라 그 풍경이 달라집니다.

봄에는 대나무에 새순*이 돋아납니다. 이 때의 대나무 숲에는 대나무의 어린 싹과 새 잎을 막 펼친 아기 대나무, 오래되었지만 우아한 모습의 어른 대나무가 함께 섞여 있습니다. 그래서 봄의 대나무 숲은 1년 중 대나무의 다양한 모습을 가장 잘 보여 줍니다.

여름에는 대나무가 잎갈이를 합니다. 잎갈이는 오래된 잎이 떨어진 자리에 꼬마 가지가 나오고 그 끝에 새 잎이 펼쳐지는 것을 말합니다. 잎갈이를 한 새 대나무 잎은 윤기가 있고 반짝이며 밝고 산뜻한 녹색입니다. 그래서 여름의 대나무 숲은 1년 중에서 가장 밝고 신선하게 보입니다.

가을에는 어린 대나무의 줄기색이 여름보다 엷어집니다. 또 여름에 돋아났던 새 가지와 새 잎이 가을이 되면 완전히 펼쳐집니다. 가을의 대나무 숲은 멀리서 바라보면 대나무가 하나하나 따로 떨어져 독립*되어 있는 것처럼 보입니다.

겨울에도 대나무는 푸른 잎을 자랑합니다. 대나무의 푸른 잎과 하얀 눈이 어우러지면 경치가 매우 아름답습니다. 하지만 대나무는 추운 겨울 바람을 싫어합니다. 대나무가 얼면 대나무 잎은 누렇게 시들어 떨어져 버리기 때문입니다. 그러나 이듬해 봄이 되고 여름이 오면 대나무에는 다시 새로운 잎이 돋고 우리는 푸르른 대나무 숲을 다시 볼 수 있습니다.

새순(-筍) : 새로 돋아나는 연한 싹
독립(獨立) : 다른 것에 딸리거나 기대지 아니하는 상태

①
핵심어 찾기

다음 어휘들이 위 글에서 몇 번씩 나왔는지 개수를 세어 보세요. 많이 등장한 어휘일수록 글의 주제와 가장 관련이 깊은 핵심어입니다.

문제 개수 **6** 개

맞은 개수 ⬦ 개

틀린 개수 ⬦ 개

새순	대나무 숲	꼬마 가지	겨울 바람	하얀 눈	잎갈이

♥ 다음 보기를 이용해서 ❷~❸번 문제를 풀어 보세요.

보기
① 새순이 돋는다.　　　　　② 줄기색이 엷어진다.
③ 잎갈이를 한다.　　　　　④ 푸른 잎이 눈과 어우러져 아름답다.
⑤ 새 가지와 새로 돋은 잎이 완전히 펼쳐진다.
⑥ 가장 밝고 신선하게 보인다.

❷
글의 짜임
그리기

다음은 위 글의 내용을 한눈에 볼 수 있도록 정리한 표입니다. ㉮, ㉯에 보기의 ①~⑥을 알맞게 넣어 표를 완성해 보세요.

문제 개수 2 개

맞은
개수 ◯ 개

틀린
개수 ◯ 개

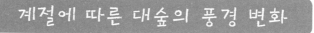
계절에 따른 대숲의 풍경 변화

봄
①

여름
㉮

가을
㉯

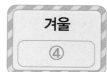
겨울
④

❸
요약
하기

다음은 위 글의 중심 내용을 요약한 것입니다. ㉮~㉣에 보기의 ①~⑥을 알맞게 넣어 요약 글을 완성해 보세요.

문제 개수 4 개

맞은
개수 ◯ 개

틀린
개수 ◯ 개

　　대나무 숲은 사계절에 따라 그 풍경이 달라진다. 봄에는 ㉮ . 여름에는 ㉯ . 그리고 가을에는 ㉲ . 겨울에는 ㉣ . 겨울에 찬바람에 대나무가 얼어 잎이 떨어지더라도 이듬해가 되면 다시 새 잎이 돋아나기 때문에 우리는 푸른 대나무 숲의 모습을 다시 볼 수 있다.

④ 제목 달기

문제 개수 **5** 개

맞은 개수 ◯ 개

틀린 개수 ◯ 개

다음은 위 글의 제목 후보입니다. 먼저, 위 글의 제목으로 가장 알맞은 것을 골라 빈칸에 ◯를 하세요. 그런 다음, 주어진 조건에 맞게 ×, △, □를 표시하세요. (단, ◯는 딱 한 개만 고르세요.)

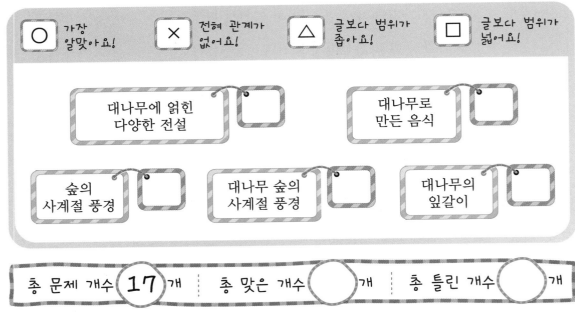

◯ 가장 알맞아요! × 전혀 관계가 없어요! △ 글보다 범위가 좁아요! □ 글보다 범위가 넓어요!

대나무에 얽힌 다양한 전설	□	대나무로 만든 음식	□

숲의 사계절 풍경 □ 대나무 숲의 사계절 풍경 □ 대나무의 잎갈이 □

총 문제 개수 **17** 개 | 총 맞은 개수 ◯ 개 | 총 틀린 개수 ◯ 개

글을 읽고 나서 오늘 공부를 신나게 시작하자고!

좋은 습관 다지는

반짝반짝 거울을 자주 보자

서아는 요즈음 거울을 부쩍 자주 봅니다. 머리 모양이라든지 이마에 조금씩 돋기 시작한 참깨 같은 여드름이 자꾸 신경 쓰이기 때문이죠. 그래서 엄마는 서아에게 '거울 공주'라는 별명을 붙여 주셨어요.

여러분도 거울을 자주 보나요? 머리가 헝클어지지 않았는지, 얼굴에 뭐가 묻지는 않았는지, 새로 산 스웨터가 잘 어울리는지…… 그런 겉모습을 보기 위해 거울을 들여다보겠지요? 그런데 한 가지 더, 거울을 보면서 여러분의 표정도 한번 살펴보세요. 짜증이 섞여 있는 얼굴은 아닌지, 무표정하게 있지는 않은지, 잔뜩 찡그려서 미운 얼굴이 되지는 않았는지 자주 거울을 들여다보세요. 그리고 어떻게 웃는 모습이 자신에게 가장 잘 어울리는지 연습해 보세요.

쑥스러운가요? 텔레비전에 나오는 멋진 배우들도 항상 거울을 보며 웃는 모습을 연습하는 걸요. 복은 얼굴에서 들어온다고 해요. 거울을 보며 웃는 연습을 자꾸 하다 보면 거울 속의 여러분은 더 멋진 얼굴로 변해 있을 거예요.

24

04 회

머리 풀어주는  퍼즐

도전 시간	걸린 시간
00 분 10 초	분 초

창의사고력 기초 다지기 정보처리능력 쑥~

다음 중 같은 그림 두 개를 찾아 동그라미 하세요.

● 오늘의 읽기 자료입니다. 잘 읽고 문제를 풀어 보세요.

가야금은 국악을 연주하는 악기입니다. 가야금은 맑고 부드러운 소리를 냅니다. 그래서 많은 사람들에게 사랑을 받고 있지요. 자랑스러운 우리의 악기인 가야금은 어떻게 만들어진 것일까요?

옛날 가야국에 가실이란 왕이 있었습니다. 가실왕은 어느 날 '여러 나라의 말이 나라마다 다른 것처럼 음악도 나라마다 달라야 하지 않을까?' 하는 생각이 들었습니다. 그래서 가실왕은 유명한 악사인 우륵에게 악기를 만들라고 하였습니다. 그때 중국에는 '쟁'이라는 악기가 있었는데, 우륵은 이 악기의 모양을 본떠서 악기를 만들었습니다. 우륵이 만든 이 악기가 바로 가야금이랍니다.

가야금은 오동나무판에 12개의 줄을 세로로 매어서 만듭니다. 줄을 뜯으면 진동이 생기는데, 그 진동이 울림통에 전달되어 울리면서 음파를 일으킵니다. 이것이 곧 가야금의 맑고 부드러운 소리가 되는 것입니다.

그 후 시간이 흘러 가야국이 어려워지자, 우륵은 가야금을 들고 가야국을 떠나 신라로 오게 되었습니다. 신라의 진흥왕은 우륵을 반갑게 맞아 주고 신라에 살게 하였습니다. 우륵은 신라에서 신하들에게 가야금과 춤과 노래를 가르치며 살았습니다. 우륵은 떠나온 고향 생각이 날 때면 가야국이 바라다 보이는 언덕에 올라 가야금을 켜면서 그리움을 달랬다고 합니다.

①
핵심어 찾기

다음 어휘들이 위 글에서 몇 번씩 나왔는지 개수를 세어 보세요. 많이 등장한 어휘일수록 글의 주제와 가장 관련이 깊은 핵심어입니다.

문제 개수 **6** 개

맞은 개수 ◯ 개

틀린 개수 ◯ 개

우륵	춤	고향	오동나무판	가야금	그리움

♥ 다음 보기를 이용해서 ❷∼❸번 문제를 풀어 보세요.

보기
① 신라　　　② 우륵　　　③ 가야국　　　④ 가실왕　　　⑤ 진흥왕
⑥ 가야금　　　⑦ 옛날 가야국 시절　　　⑧ 가실왕의 명을 따라 만듦.
⑨ 중국의 악기 '쟁'을 본떠 만듦.

❷ 글의 짜임 그리기

문제 개수 4 개

맞은 개수 　　개

틀린 개수 　　개

다음은 위 글의 내용을 한눈에 볼 수 있도록 정리한 표입니다. ㉮∼㉱에 보기의 ①∼⑨를 알맞게 넣어 표를 완성해 보세요.

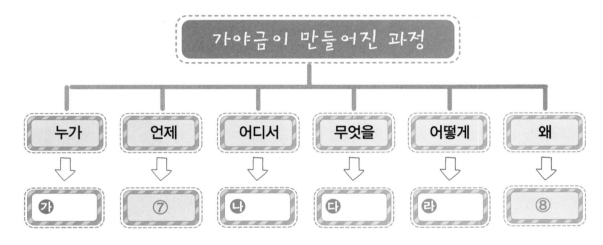

가야금이 만들어진 과정

누가	언제	어디서	무엇을	어떻게	왜
㉮	⑦	㉯	㉰	㉱	⑧

❸ 요약 하기

문제 개수 2 개

맞은 개수 　　개

틀린 개수 　　개

다음은 위 글의 중심 내용을 요약한 것입니다. ㉮, ㉯에 보기의 ①∼⑨를 알맞게 넣어 요약 글을 완성해 보세요.

㉮ 　　　 은/는 중국의 악기 쟁을 본떠서 ㉯ 　　　 을/를 만들었다. 맑고 부드러운 소리를 내는 ㉯ 　　　 은/는 오늘날에도 사랑받는 우리나라의 대표 국악기이다.

다음은 위 글의 제목 후보입니다. 먼저, 위 글의 제목으로 가장 알맞은 것을 골라 빈칸에 ○를 하세요. 그런 다음, 주어진 조건에 맞게 ×, △, □를 표시하세요. (단, ○는 딱한 개만 고르세요.)

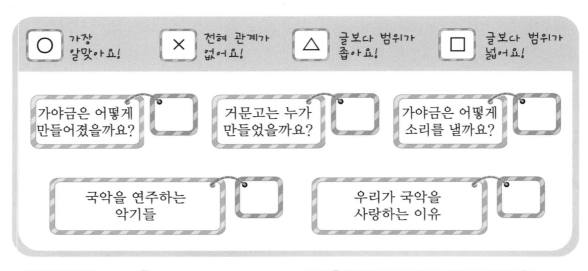

○ 가장
알맞아요!

× 전혀 관계가
없어요!

△ 글보다 범위가
좁아요!

□ 글보다 범위가
넓어요!

가야금은 어떻게
만들어졌을까요?

거문고는 누가
만들었을까요?

가야금은 어떻게
소리를 낼까요?

국악을 연주하는
악기들

우리가 국악을
사랑하는 이유

총 문제 개수 17 개 | 총 맞은 개수 ◯ 개 | 총 틀린 개수 ◯ 개

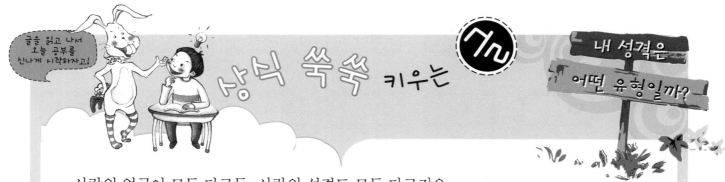

글을 읽고 나서
오늘 공부를
신나게 시작하자고!

상식 쑥쑥 키우는

내 성격은
어떤 유형일까?

사람의 얼굴이 모두 다르듯, 사람의 성격도 모두 다르지요.

"나는 항상 조용한데, 내 동생은 왜 나와 다르게 천방지축일까?" 그건 바로 모두가 타고난 성격이 다르기 때문이에요. 다음의 성격 유형 중, 나는 어디에 가까운지 생각해 보세요.

☆ 외향형 말보다 행동이 먼저! 새로운 친구도 금방 사귀고 어울려 놀기를 좋아해요.
마음속에 담아 두기보다 뭐든 솔직히 이야기하지요.

★ 규범형 성실하고 책임감이 강해요. 목표를 세우고 실천하기를 좋아하지요.
계획에 없는 일이 생기면 화가 나요.

☆ 내향형 말이 없는 편이고 조용히 생각하기를 좋아해요.
사람들과 어울리기보다는 혼자 글을 쓰거나 책을 읽는 것을 즐겨요.

★ 이상형 개성이 강하고 재미있는 일을 만들기를 좋아해요. 상상력이 풍부하고요.
때로는 엉뚱하고 기발한 이야기로 주변 사람들을 깜짝 놀래 주지요.

머리 풀어주는 퍼즐

도전 시간 | 걸린 시간
00 분 20 초 | 분 초

창의사고력 기초 다지기 계산능력 쑥~

사다리를 타고 내려가면서, 같은 도형 속의 숫자가 나올 수 있도록 +, −, ×를 이용해 빈칸을 채워 보세요.(단, 자연수만 이용합니다.)

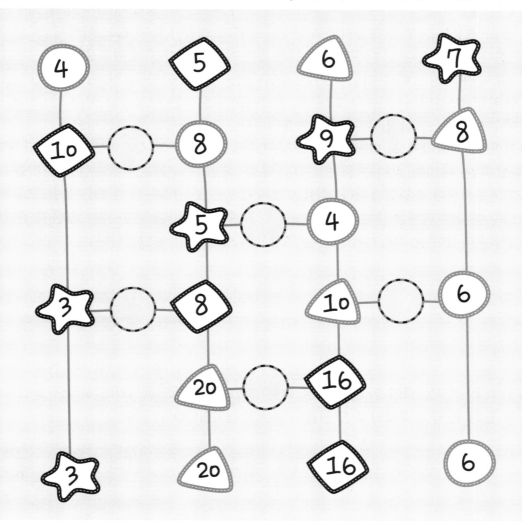

빠르고 정확하게 읽기

● 오늘의 읽기 자료입니다. 잘 읽고 문제를 풀어 보세요.

　　매년 음력 1월 15일은 우리의 명절인 '대보름날' 입니다. 대보름날의 많은 풍속들은 오늘날에도 전해지고 있답니다.

　　대보름날의 풍속들은 개인적인 것과 집단적인 것으로 나눌 수 있습니다. 개인적인 풍속에는 부럼 깨물기, 더위팔기, 귀밝이술 마시기 등이 있고, 집단적인 풍속에는 다리밟기, 쥐불놀이 등이 있습니다. 부럼 깨물기는 대보름날 밤에 밤, 호두, 땅콩 등의 부럼을 깨무는 것입니다. 우리 조상들은 부럼 깨물기를 하면 1년 동안 부스럼이 나지 않고 이가 단단해진다고 믿었습니다. 더위팔기는 대보름날 아침에 상대방의 이름을 불러 '내 더위 사라.' 하고 더위를 파는 것입니다. 더위를 팔면 그 해 여름은 더위를 잘 견딜 수 있다고 합니다. 귀밝이술 마시기는 대보름날 아침에 데우지 않은 술 한 잔을 마시는 풍습입니다. 우리 조상들은 귀밝이술을 마시면 귀가 밝아지고, 한 해 동안 즐거운 소식을 듣는다고 생각하였습니다. 다리밟기는 대보름날 밤에 다리를 건너는 풍속입니다. 우리 조상들은 자기 나이 수만큼 다리를 밟으면 다리가 튼튼해진다고 믿었습니다. 쥐불놀이는 대보름 전날에 논밭의 마른 풀을 모두 태우는 풍습으로, 농사에 피해를 주는 쥐와 벌레를 없앨 수 있고, 타고 남은 재는 거름이 됩니다. 쥐불놀이에는 곡식이 잘 자라기를 바라는 조상들의 소망이 담겨 있습니다.

① 핵심어 찾기

다음 어휘들 중에 위 글에 나온 어휘가 있으면 빈칸에 동그라미 하세요. 동그라미 한 어휘들이 위 글의 주제와 가장 관련이 높은 핵심어입니다.

문제 개수 10개

맞은 개수 ( ) 개

틀린 개수 ( ) 개

추석	다리밟기	쥐불놀이	설날	멀리뛰기	대보름날	널뛰기	더위팔기	그네뛰기	부럼깨물기

♥ 다음 보기를 이용해서 ❷~❸번 문제를 풀어 보세요.

보기   ① 다리밟기   ② 개인적인 풍속   ③ 그네뛰기   ④ 부럼 깨물기   ⑤ 집단적인 풍속
⑥ 더위팔기   ⑦ 쥐불놀이   ⑧ 귀밝이술 마시기   ⑨ 씨름

❷
글의 짜임
그리기

다음은 위 글의 내용을 한눈에 볼 수 있도록 정리한 표입니다. ㉮~㉺에 보기의 ①~⑨를 알맞게 넣어 표를 완성해 보세요.

문제 개수 5 개

맞은
개수 ⬭ 개

틀린
개수 ⬭ 개

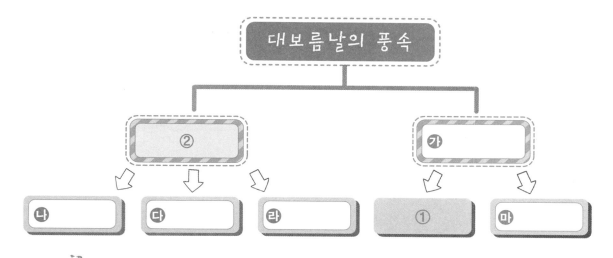

대보름날의 풍속

② ㉮

㉯ ㉰ ㉱ ① ㉲

❸
요약
하기

다음은 위 글의 중심 내용을 요약한 것입니다. ㉮~㉺에 보기의 ①~⑨를 알맞게 넣어 요약 글을 완성해 보세요.

문제 개수 5 개

맞은
개수 ⬭ 개

틀린
개수 ⬭ 개

음력 1월 15일은 대보름날이다. 대보름날의 풍속은 개인적인 풍속과 집단적인 풍속으로 나누어진다. 개인적인 풍속에는 ㉮ 와/과 ㉯ 와/과 ㉰ 이/가 있고, 집단적인 풍속에는 ㉱ 와/과 ㉲ 이/가 있다.

31

다음은 위 글의 제목 후보입니다. 먼저, 위 글의 제목으로 가장 알맞은 것을 골라 빈칸에 ○를 하세요. 그런 다음, 주어진 조건에 맞게 ×, △, □를 표시하세요. (단, ○는 딱 한 개만 고르세요.)

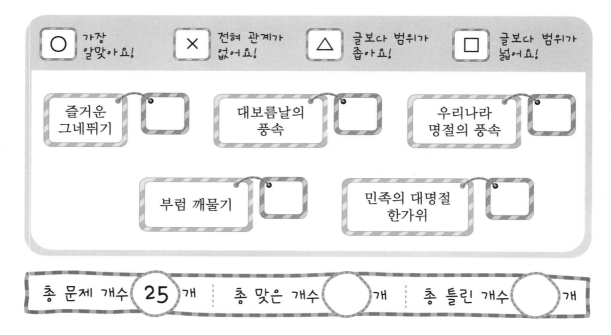

○ 가장 알맞아요!   × 전혀 관계가 없어요!   △ 글보다 범위가 좁아요!   □ 글보다 범위가 넓어요!

즐거운 그네뛰기 □
대보름날의 풍속 □
우리나라 명절의 풍속 □
부럼 깨물기 □
민족의 대명절 한가위 □

총 문제 개수 25 개   총 맞은 개수 ○ 개   총 틀린 개수 ○ 개

마음에 힘이 되는 꿈

꿈★은 이루어진다 I

글을 읽고 나서 오늘 공부를 신나게 시작하자!

혹시 '자성 예언' 이라는 말을 들어 본 적 있나요? 자성 예언은 피그말리온 효과라고도 하지요. 자기가 바라는 일을 항상 생각하고 말하면 언젠가는 그것이 이루어진다는 뜻입니다.

뛰어난 축구 선수에게 한 기자가 물었습니다. "어떻게 하면 당신처럼 축구를 잘할 수 있을까요?" 그는 빙그레 웃으면서 대답했습니다. "저는 항상 손에서 축구공을 놓지 않습니다. 밥을 먹으면서도 공 차는 생각을 하고 친구를 만나서도 축구에 대한 이야기를 합니다. 잠시 축구를 하지 않고 쉴 때는 축구 게임을 하지요."

여러분이 원하는 일을 매일 아침 큰 소리로 외쳐 보세요. '-할 수 있다.'가 아닌 '-이다.'의 현재형으로 말하세요. 아주 작은 것부터 시작해도 좋습니다. 여러분이 원하는 모습을 마음속에 그리면서 외치다 보면 언젠가 여러분은 바로 그 사람이 되어 있을 것입니다.

06회

머리 풀어주는 퍼즐

도전 시간	걸린 시간
00 분 15 초	분 초

창의사고력 기초 다지기 주의집중력 쑥~

보기 의 그림처럼 직선과 직선이 만나는 점에 동그라미 하고, 몇 번 만나는지 세어 보세요.

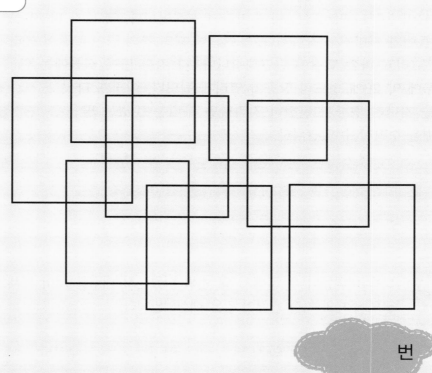

번

빠르고 **정확**하게

도전시간
4 분 40 초

걸린시간
분 초

○ 오늘의 읽기 자료입니다. 잘 읽고 문제를 풀어 보세요.

땅콩은 맛도 고소하고 쓰임새도 많은 식물입니다. 또 영양가도 높아서 몸에도 좋답니다. 이렇게 맛있고 쓰임새도 많은 땅콩! 땅콩은 어떻게 자랄까요?

땅콩이 가장 잘 자라는 곳은 햇빛이 잘 비치고 비가 적당히 내리는 모래땅입니다. 봄이 되면 이 모래땅에 땅콩을 심습니다. 손가락 하나 깊이만큼 땅을 파고 땅콩을 심으면, 일주일에서 이주일 뒤에 새싹이 흙을 뚫고 올라옵니다. 이 새싹이 자라면 둥근 모양의 잎사귀가 달리는 땅콩 줄기가 됩니다. 그 후 2달 동안 땅콩 줄기에는 점점 많은 잎사귀가 달리게 되는데, 잎사귀는 태양의 에너지를 흡수해서 땅콩 식물을 무럭무럭 자라게 합니다.

여름이 되면 땅콩 줄기의 잎겨드랑이에는 나비 모양의 작은 노란색 꽃이 핍니다. 꽃은 이른 아침에 피어서 다음날이 되면 시들어 버립니다. 꽃이 시들어 떨어진 자리에는 새로운 어린 싹이 돋아나 땅바닥을 향해 자라기 시작합니다. 몇 주가 더 지나면 어린 싹이 땅속을 파고 들어가 자라기 시작합니다. 늦여름이 되면 싹의 끝이 부풀어 올라 땅콩 모양으로 변합니다. 그리고 바깥 껍질이 단단해집니다. 다 자란 땅콩 식물에는 한 그루에 약 20개 정도의 땅콩이 열리게 됩니다. 이렇게 다섯 달을 기다려 땅콩이 완전히 자라나면 우리는 맛있는 땅콩 열매를 수확할 수 있답니다.

❶ **핵심어 찾기**

다음 어휘들이 위 글에서 몇 번씩 나왔는지 개수를 세어 보세요. 많이 등장한 어휘일수록 글의 주제와 가장 관련이 깊은 핵심어입니다.

문제 개수 6 개

맞은 개수 ⌇ 개

틀린 개수 ⌇ 개

봄	잎사귀	땅콩	수확	나비	꽃

♥ 다음 보기 를 이용해서 ❷～❸번 문제를 풀어 보세요.

① 땅콩을 땅속에 심는다.　　　　② 싹의 끝이 땅콩 모양으로 변한다.

③ 꽃이 시든 자리에 새로운 싹이 자란다.　④ 작고 노란 꽃이 피었다 시든다.

⑤ 땅콩 줄기에 많은 잎사귀가 달린다.　　⑥ 새싹이 흙을 뚫고 올라온다.

❷
글의 짜임
그리기

문제 개수 4 개

맞은
개수 　 개

틀린
개수 　 개

다음은 위 글의 내용을 한눈에 볼 수 있도록 정리한 표입니다. 가~라에 보기 의 ①~⑥을 알맞게 넣어 표를 완성해 보세요.

땅콩은 어떻게 자랄까요?

첫 번째, ① ⇨ 두 번째, 가 ⇨ 세 번째, 나

네 번째, 다

마지막으로, ② ⇦ 다섯 번째, 라 ⇦ 네 번째, 다

❸
요약
하기

문제 개수 4 개

맞은
개수 　 개

틀린
개수 　 개

다음은 위 글의 중심 내용을 요약한 것입니다. 가~라에 보기 의 ①~⑥을 알맞게 넣어 요약 글을 완성해 보세요.

　　땅콩을 심고 완전히 자라려면 다섯 달을 기다려야 한다. 먼저, 봄이 되면 가 . 그러면 1~2주 후에 나 . 그 후 두 달 동안 다 . 여름이 되면 작고 노란 꽃이 피었다 시들고, 라 . 싹의 끝이 땅콩 모양으로 변하고 바깥 껍질이 단단해지면 우리는 맛있는 땅콩 열매를 수확할 수 있다.

❹ 제목 달기

문제 개수 **5** 개

맞은 개수 ⬭ 개

틀린 개수 ⬭ 개

다음은 위 글의 제목 후보입니다. 먼저, 위 글의 제목으로 가장 알맞은 것을 골라 빈칸에 ○를 하세요. 그런 다음, 주어진 조건에 맞게 ×, △, □를 표시하세요. (단, ○는 딱 한 개만 고르세요.)

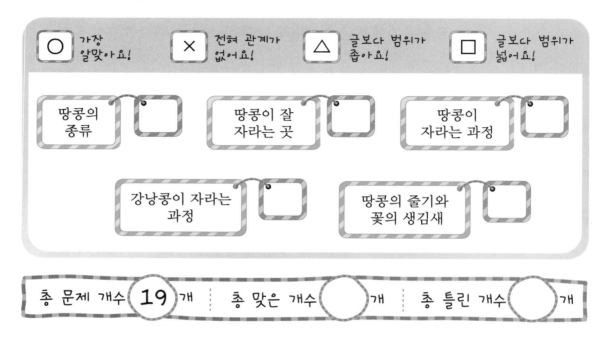

○ 가장 알맞아요! ✕ 전혀 관계가 없어요! △ 글보다 범위가 좁아요! □ 글보다 범위가 넓어요!

땅콩의 종류	
땅콩이 잘 자라는 곳	
땅콩이 자라는 과정	
강낭콩이 자라는 과정	
땅콩의 줄기와 꽃의 생김새	

총 문제 개수 **19** 개 ┊ 총 맞은 개수 ◯ 개 ┊ 총 틀린 개수 ◯ 개

마음에 힘이 되는 수필

꿈★은 이루어진다 Ⅱ

지난 시간에 읽은 '자성 예언'에 대한 글, 기억하나요? 지난 시간에 그냥 넘어갔던 친구들도 오늘은 꼭 같이 해 보도록 해요.

☆ 나는 우리 반 최고의 멋쟁이다.
☆ 나는 컴퓨터 박사이다.
☆ 나는 멋있고 좋은 사람이다.
☆ 나는 어디에서나 필요한 사람이다.
☆ 나는 노래도 잘하고 춤도 잘 추는 멋진 가수이다.

자, 이제 여러분이 그리는 미래의 나의 모습을 적어 보세요. 그리고 크게 소리내어 읽어 보세요. 여러분이 원하는 모습을 항상 외치다 보면 언젠가는 그 모습이 되어 있을 거예요.

36

도전 시간	걸린 시간
00 분 15 초	분 초

창의사고력 기초 다지기 연상추리력 쑥~

다음에는 '밝다'를 의미하는 한자 '명(明)'이 있습니다. 이 중에서 보기 의 경우와 같이 뒤집힌 한자에 동그라미 하세요.

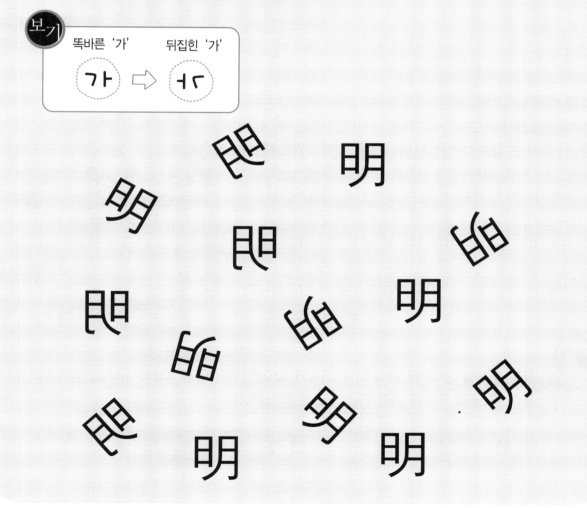

보기

똑바른 '가'   뒤집힌 '가'

가 ⇨ ㅏㄱ

빠르고 **정확**하게 **읽기**

● 오늘의 읽기 자료입니다. 잘 읽고 문제를 풀어 보세요.

　　방언은 표준어가 아닌 말 모두를 가리킵니다. 방언에는 지역 방언과 사회 방언이 있는데, 우리나라의 지역 방언은 크게 제주도 방언, 경상도 방언, 전라도 방언, 충청도 방언, 경기도 방언, 강원도 방언으로 나누어집니다.

　　제주도의 방언은 다른 지역의 말보다 매우 특이합니다. 외국어처럼 낯선 단어들도 많습니다. 예를 들어, 할아버지는 '하르방', 아버지는 '아방', 어머니는 '어멍'이라고 한답니다. 경상도 방언은 속도가 빠르고, 말을 줄여서 하는 경향이 있습니다. 예를 들어 '뭐라고 하느냐'를 줄여서 '뭐라카노'라고 말하기도 하고, '그 아이가 그 아이냐'를 줄여서 '갸가 갸가'라고 말하기도 합니다. 전라도 방언의 특징은 문장의 끝부분에서 많이 나타납니다. 예를 들어 '-는데'를 '-는디'라고 하거나, '이 사탕 맛있지야?'에서처럼 '-야'를 달기도 합니다. 충청도 방언은 속도가 느리고, 말의 끝을 약간 끌면서 하는 경향이 있습니다. 또, 문장의 맨 마지막에 'ㅑ, ㅕ, ㅠ' 등을 붙이는 경우가 많습니다. 예를 들어 '뭐하세유~'나 '지금 뭐하는겨~'처럼 말의 끝을 끌면서 느릿느릿하게 말합니다. 경기도 방언은 서울과 가까운 곳이기 때문에 표준어와 거의 비슷합니다. 강원도 방언은 말의 처음 부분을 세게 발음하는 경향이 있습니다. 예를 들어 '개구리'를 '깨구리'로 발음하거나 '지린내'를 '찌린내'라고 발음하기도 합니다.

❶ 핵심어 찾기

다음 어휘들 중에 위 글에 나온 어휘가 있으면 빈칸에 동그라미 하세요. 동그라미 한 어휘들이 위 글의 주제와 가장 관련이 높은 핵심어입니다.

문제 개수 10개

맞은 개수 　개

틀린 개수 　개

방언	제주도 방언	외래어	속담	경기도 방언	일본어	전라도 방언	은어	경상도 방언	농담

♥ 다음 보기를 이용해서 ❷~❸번 문제를 풀어 보세요.

보기
① 방언　　　　② 표준어　　　　③ 지역 방언　　　　④ 제주도 방언
⑤ 강원도 방언　　⑥ 사회 방언　　⑦ 충청도 방언　　⑧ 경상도 방언
⑨ 전라도 방언　　⑩ 경기도 방언

❷
글의 짜임
그리기

다음은 위 글의 내용을 한눈에 볼 수 있도록 정리한 표입니다. ㉮~㉑에 보기의 ①~⑩을 알맞게 넣어 표를 완성해 보세요.

문제 개수 **6**개

맞은
개수 ⬭개

틀린
개수 ⬭개

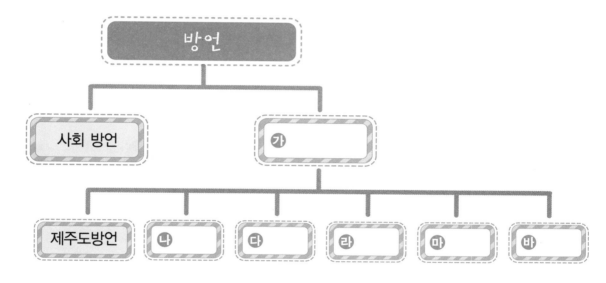

❸
요약
하기

다음은 위 글의 중심 내용을 요약한 것입니다. ㉮~㉰에 보기의 ①~⑩을 알맞게 넣어 요약 글을 완성해 보세요.

문제 개수 **3**개

맞은
개수 ⬭개

틀린
개수 ⬭개

㉮ [　　　] 이/가 아닌 말을 방언이라고 한다. 방언에는 지역 방언과 ㉯ [　　　] 이/가 있다. 우리나라의 지역 방언은 크게 ㉰ [　　　], 경상도 방언, 전라도 방언, 충청도 방언, 경기도 방언, 강원도 방언으로 나누어진다.

문제 개수 5 개

맞은 개수 개

틀린 개수 개

다음은 위 글의 제목 후보입니다. 먼저, 위 글의 제목으로 가장 알맞은 것을 골라 빈칸에 ○를 하세요. 그런 다음, 주어진 조건에 맞게 ×, △, □를 표시하세요. (단, ○는 딱 한 개만 고르세요.)

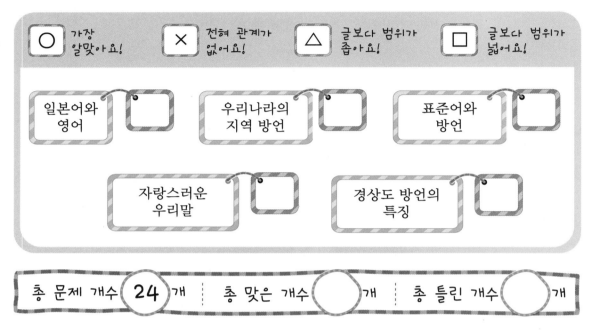

○ 가장 알맞아요! × 전혀 관계가 없어요! △ 글보다 범위가 좁아요! □ 글보다 범위가 넓어요!

일본어와 영어

우리나라의 지역 방언

표준어와 방언

자랑스러운 우리말

경상도 방언의 특징

총 문제 개수 24 개 ┆ 총 맞은 개수 ◯ 개 ┆ 총 틀린 개수 ◯ 개

글을 읽고 나서 오늘 공부를 신나게 시작하자!

생각하고 되새기는

멘토란 무엇인가?

　멘토(Mentor)란 정신적 지주, 현명하고 지혜로운 인생의 스승을 일컫는 말입니다. 이 말의 유래는 그리스 시대로 거슬러 올라갑니다.

　그리스의 소국(小國) 이카타의 왕 오디세우스는 트로이 전쟁에 참여하게 됩니다. 전쟁터에 나가기 전 자기의 아들 텔레마커스를 그의 믿음직한 친구인 멘토에게 부탁하지요. 멘토는 왕의 아들을 친자식처럼 정성을 다해 돌봐줍니다. 때론 엄한 아버지가 되기도 하고, 때로는 자상한 선생님도 되고, 가끔은 편한 친구가 되어 텔레마커스의 정신적 지주 역할을 해 주지요. 10년 후에 오디세우스가 전쟁을 마치고 돌아왔을 때, 그의 아들은 놀라울 정도로 잘 자라 있었답니다.

　그 후로 사람들은 지혜와 용기, 그리고 신뢰로 삶을 이끌어 주는 지도자를 가리켜 '멘토'라고 부르기 시작했습니다.

공부를 시작할 때도 준비운동이 필요하다고! 하나둘 하나둘

머리 풀어주는 퍼즐

창의사고력 기초 다지기   판단능력 쑥~

다음 규칙 에 따라 출발점에서 도착점까지 선을 그으며 움직여 보세요.

규칙

🏠 아래로 두 칸   ♡ 오른쪽으로 두 칸   △ 위쪽으로 한 칸

? 오른쪽으로 한 칸   ✺ 왼쪽으로 두 칸

출발 ➡

🏠	△	✺	🏠	△	🏠
♡	🏠	♡	♡	?	🏠
?	?	△	✺	♡	🏠
♡	△	?	?	✺	☆ ➡ 도착
✺	🏠	✺	♡	△	?

빠르고 **정확**하게 **읽기**

| 4 분 | 40 초 |

걸린시간

| 분 | 초 |

● 오늘의 읽기 자료입니다. 잘 읽고 문제를 풀어 보세요.

　　김치는 우리나라를 대표하는 음식입니다. 김치는 맛도 좋지만, 우리 몸에 좋은 성분들이 많이 들어 있습니다. 김치는 배추와 무 등의 채소에 여러 가지 양념을 해서 만든 것이기 때문에 채소에 들어 있는 식이 섬유가 많이 들어 있습니다. 식이 섬유는 소화가 잘 되게 하고 변비를 예방해 주는 성분입니다. 김치를 버무리는 고춧가루에는 비타민 C와 캡사이신 같은 몸에 좋은 많은 성분들이 들어 있습니다. 비타민 C는 피부가 늙는 것을 방지하고 피로 회복에도 좋습니다. 또 고추의 매운맛 성분인 캡사이신은 체중 감량에 도움이 됩니다.

　　김치에 들어가는 대표적 양념인 마늘은 옛날부터 강장제로 알려져 있습니다. 강장제는 몸속에 있는 영양분이 잘 흡수되도록 도와 체력을 증진하고 몸을 튼튼하게 하는 약입니다. 또 마늘에는 암을 예방하는 기능이 있는 것으로 알려져 있습니다. 그 밖에, 또 다른 재료인 생강, 파 등에도 암을 예방하는 성분이 들어 있습니다.

　　또한 김치의 원료가 되는 배추나 양념에는 여러 균들이 들어 있습니다. 원래 채소는 익히게 되면 상하기 쉬운데 김치는 익는 동안에 젖산균이 자라면서 잡균을 죽이기 때문에 김치가 상하지 않고 잘 보존되는 것입니다. 이 젖산균은 잡균을 죽일 뿐만 아니라 암을 예방하는 물질을 만들어 낸다고 합니다.

캡사이신(capsaicin) : 고추에서 뽑는 매우 강한 자극성 물질

❶ **핵심어 찾기**

다음 어휘들이 위 글에서 몇 번씩 나왔는지 개수를 세어 보세요. 많이 등장한 어휘일수록 글의 주제와 가장 관련이 깊은 핵심어입니다.

문제 개수 **6** 개

맞은
개수 ◌ 개

틀린
개수 ◌ 개

고춧가루	김치	강장제	암	젖산균	캡사이신

♥ 다음 보기를 이용해서 ❷~❸번 문제를 풀어 보세요.

보기
① 마늘의 성분　　　　② 캅사이신　　　　③ 암을 예방한다.
④ 체중 감량에 도움이 된다.　⑤ 소화가 잘 되게 하고 변비를 예방해 준다.
⑥ 노화를 방지하고 피로 회복에도 좋다.
⑦ 몸속 영양분의 흡수를 도와 체력을 증진하고 몸을 튼튼하게 한다.

❷
글의 짜임
그리기

다음은 위 글의 내용을 한눈에 볼 수 있도록 정리한 표입니다. ㉮~㉰에 보기의 ①~⑦을 알맞게 넣어 표를 완성해 보세요.

문제 개수 4 개

맞은
개수 ⬭ 개

틀린
개수 ⬭ 개

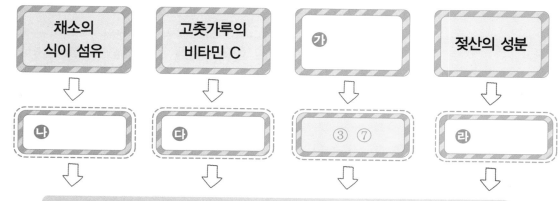

채소의 식이 섬유	고춧가루의 비타민 C	㉮	젖산의 성분
㉯	㉱	③ ⑦	㉰

우리나라를 대표하는 음식인 김치에는 좋은 성분이 많이 들어 있다.

❸
요약
하기

다음은 위 글의 중심 내용을 요약한 것입니다. ㉮, ㉯에 보기의 ①~⑦을 알맞게 넣어 요약 글을 완성해 보세요.

문제 개수 2 개

맞은
개수 ⬭ 개

틀린
개수 ⬭ 개

　김치는 우리나라를 대표하는 음식이다. 김치에는 채소에 들어 있는 식이 섬유, 고춧가루에 들어 있는 비타민 C와 ㉮ , ㉯ 등 좋은 성분들이 많이 들어 있어 우리 건강에 도움을 준다.

다음은 위 글의 제목 후보입니다. 먼저, 위 글의 제목으로 가장 알맞은 것을 골라 빈칸에 ○를 하세요. 그런 다음, 주어진 조건에 맞게 ×, △, □를 표시하세요. (단, ○는 딱 한 개만 고르세요.)

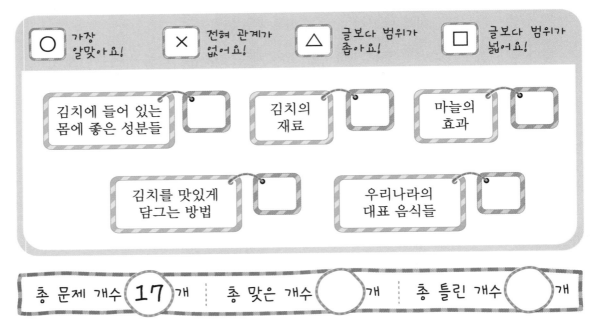

○ 가장 알맞아요! × 전혀 관계가 없어요! △ 글보다 범위가 좁아요! □ 글보다 범위가 넓어요!

김치에 들어 있는 몸에 좋은 성분들 ⬚

김치의 재료 ⬚

마늘의 효과 ⬚

김치를 맛있게 담그는 방법 ⬚

우리나라의 대표 음식들 ⬚

총 문제 개수 ⑰ 개 ┆ 총 맞은 개수 ◯ 개 ┆ 총 틀린 개수 ◯ 개

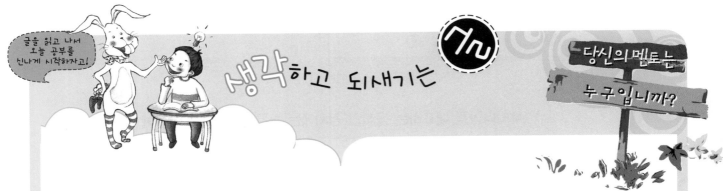

생각하고 되새기는

글을 읽고 나서 오늘 공부를 신나게 시작하자고!

당신의 멘토는 누구입니까?

여러분에게도 멘토가 있나요? 아니면 자신의 삶을 훌륭하게 이끌어 줄 멘토를 찾고 있나요? 어떤 멘토를 만나느냐에 따라서 당신의 삶은 지금과는 전혀 다른 방향으로 바뀔 수도 있답니다. 세상을 바꾸는 사람에게는 그에 못지않게 훌륭한 멘토가 있지요. 믿음직한 멘토는 든든한 버팀목이요, 재산입니다.

헬렌 켈러에게는 설리반 선생님이라는 위대한 멘토가, '삼국지'에 나오는 유비에게는 제갈공명이라는 지혜로운 멘토가 있었어요. 은촛대를 훔친 장발장을 용서하고 그를 새 사람이 되게 하는 미리엘 신부님도 그에게는 평생 잊을 수 없는 삶의 스승이라 할 수 있겠지요. 멘토는 생각보다 가까운 곳에 있기도 하고, 뜻밖의 상황에서 만나기도 합니다. 여러분이 지금 읽는 책도 소중한 멘토가 될 수 있습니다. 여러분의 멘토를 찾아보세요.

도전 시간	걸린 시간
00 분 40 초	분 초

 창의사고력 기초 다지기 정보처리능력 쓱~

다음 숫자판에서 가로 혹은 세로로 연속된 세 수의 계산 결과가 보기 와 같은 숫자들의 묶음을 모두 찾아 동그라미 하세요.

보기

$2+3-4=1$ ⇨ [2] [3] [4]

6	8	1	2	3	4
1	3	0	3	5	4
6	3	8	8	5	7
2	0	3	9	7	0
2	7	3	7	9	1
4	7	8	4	5	8

45

빠르고 정확하게 읽기

도전시간

| 4 분 | 50 초 |

걸린시간

| 분 | 초 |

● 오늘의 읽기 자료입니다. 잘 읽고 문제를 풀어 보세요.

　　세종대왕이 한글을 처음 만들었을 때 한글의 이름은 '훈민정음' 이었습니다. '훈민정음' 이란 '백성을 가르치는 바른 소리' 라는 뜻입니다. 세종대왕은 훈민정음의 앞머리에 한글을 만들게 된 이유에 대해 적어 놓았습니다. 이를 한글의 창제 정신이라고 하는데, '창조 정신', '자주 정신', '애민 정신', '실용 정신' 의 네 가지가 그것입니다.

　　한글이 만들어지기 전, 우리나라 사람들은 우리말에 맞는 문자가 없어서 중국의 한자를 빌려서 사용하였습니다. 창조 정신은 새로운 문자를 만들겠다는 마음을 말합니다. 그리고 자주 정신은 우리말을 적기에 알맞은 우리만의 글자가 있어야 하겠다는 마음입니다. 한자는 우리의 말과 잘 맞지 않기 때문에 사용에 어려움이 있었습니다. 그리고 글자 수가 너무 많고 복잡하여 모든 사람들이 쉽게 사용할 수 없었습니다. 세종대왕은 한자를 배우기 어려워하는 백성들을 가엾게 여겨서 모든 사람들이 쉽게 익혀 쓸 수 있는 글자를 만들고자 했습니다. 이 마음이 바로 백성을 사랑한다는 뜻을 가진 애민 정신입니다. 그리고 백성들이 글을 배워서 편리하게 사용할 수 있도록 쓸모 있는 글자를 만들겠다는 마음이 바로 실용 정신입니다.

　　이러한 창제 정신이 담긴 한글은 매우 자랑스러운 우리 민족의 글자입니다.

❶ 핵심어 찾기

다음 어휘들 중에 위 글에 나온 어휘가 있으면 빈칸에 동그라미 하세요. 동그라미 한 어휘들이 위 글의 주제와 가장 관련이 높은 핵심어입니다.

문제 개수 10개

맞은 개수 　 개
틀린 개수 　 개

한글	예술 정신	애민 정신	영어	노래	창조 정신	가나 다라	알파벳	실용 정신	자주 정신

46

♥ 다음 보기를 이용해서 ❷~❸번 문제를 풀어 보세요.

보기
① 자주 정신　　② 창조 정신　　③ 애민 정신　　④ 실용 정신
⑤ 백성을 사랑하는 마음　　　　⑥ 새로운 문자를 만들고자 하는 마음
⑦ 우리말에 맞는 우리만의 문자를 만들고자 하는 마음
⑧ 쉽게 익히고 쓸 수 있는 문자를 만들고자 하는 마음

❷
글의 짜임
그리기

다음은 위 글의 내용을 한눈에 볼 수 있도록 정리한 표입니다. ㉮~㉣에 보기의 ①~⑧을 알맞게 넣어 표를 완성해 보세요.

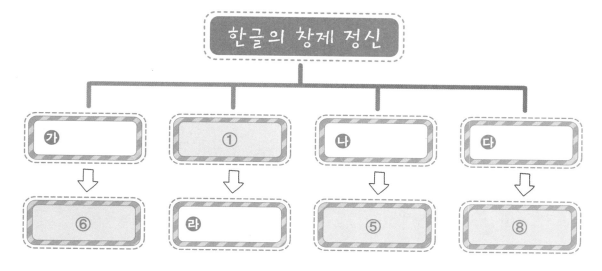

한글의 창제 정신

| ㉮ | ① | ㉯ | ㉰ |

| ⑥ | ㉣ | ⑤ | ⑧ |

❸
요약
하기

다음은 위 글의 중심 내용을 요약한 것입니다. ㉮, ㉯에 보기의 ①~⑧을 알맞게 넣어 요약 글을 완성해 보세요.

한글의 창제 정신은 ㉮ □ , 자주 정신, ㉯ □ , 실용 정신이다. 이러한 한글의 창제 정신은 우리 민족에게 한글에 대한 자랑스러운 마음을 가지게 한다.

다음은 위 글의 제목 후보입니다. 먼저, 위 글의 제목으로 가장 알맞은 것을 골라 빈칸에 ○를 하세요. 그런 다음, 주어진 조건에 맞게 ×, △, □를 표시하세요. (단, ○는 딱 한 개만 고르세요.)

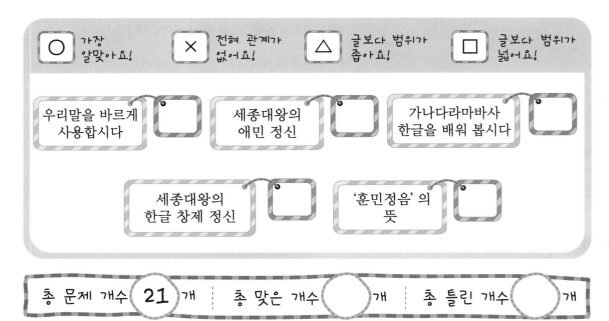

○ 가장 알맞아요!   × 전혀 관계가 없어요!   △ 글보다 범위가 좁아요!   □ 글보다 범위가 넓어요!

우리말을 바르게 사용합시다

세종대왕의 애민 정신

가나다라마바사 한글을 배워 봅시다

세종대왕의 한글 창제 정신

'훈민정음'의 뜻

총 문제 개수 21 개 | 총 맞은 개수 ○ 개 | 총 틀린 개수 ○ 개

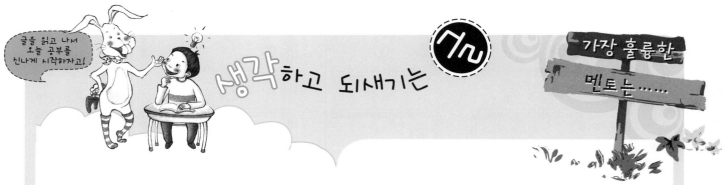

글을 읽고 나서 오늘 공부를 신나게 시작하자고!

생각하고 되새기는

가장 훌륭한 멘토는……

스펜서 존스는 〈멘토〉라는 책에서 '우리는 모두가 학생인 동시에 스승이다. 우리는 배울 필요가 있는 것을 스스로에게 가르칠 때, 최상의 능력을 발휘한다.' 라고 말하고 있어요. 가장 좋은 멘토는 바로 자기 자신이라는 이야기지요.

피오나 해롤드 역시 성공한 사람들의 공통점은 바로 스스로 멘토가 되는 데 있다고 말합니다. 그리고 자신과의 약속을 지켜 나가면서 이상적인 삶을 만들어 가라고 조언하지요. 예를 들어 '하루에 30분씩 책 읽기, 오늘 해야 할 과제를 미루지 않기, 힘이 들어도 긍정적으로 생각하기' 등으로 자신과의 약속을 하는 것입니다.

자신을 믿어 보세요. 그리고 내 안에 있는 또 다른 나를 찾아보세요. 자신을 잘 알아야만 한 발짝 더 내딛어 앞으로 나아갈 수 있습니다.

창의사고력 기초 다지기 계산능력 쏙~

사다리를 타고 내려가면서, 같은 도형 속의 숫자가 나올 수 있도록 +, −, ×를 이용해 빈칸을 채워 보세요.(단, 자연수만 이용합니다.)

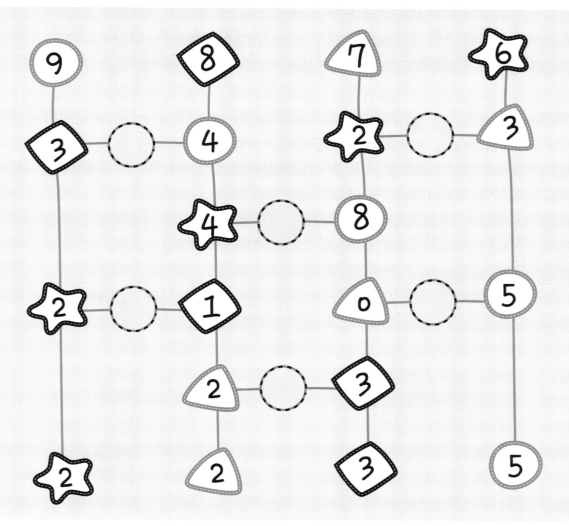

빠르고 **정확**하게

속독 정독

도전시간

| 4 | 분 | 30 | 초 |

걸린시간

| | 분 | | 초 |

● 오늘의 읽기 자료입니다. 잘 읽고 문제를 풀어 보세요.

　　디지털 카메라는 전통적 방식인 필름을 사용하는 카메라와 다르게 필름을 사용하지 않는 카메라입니다. 디지털 카메라에는 필름 역할을 하는 CCD*와 메모리*가 들어 있어서 필름이 없어도 사진을 찍고 저장할 수 있답니다.

　　디지털 카메라는 장점이 많은 기계입니다. 첫째, 디지털 카메라는 사진을 찍고 그 자리에서 바로 찍은 사진을 확인할 수 있습니다. 즉석에서 사진을 확인하고 잘못 찍었거나 마음에 들지 않는 사진은 지워 버리고 새로 찍을 수 있는 것입니다. 둘째, 디지털 카메라는 필름이 들어가지 않기 때문에 필름 값이 들지 않습니다. 그래서 마음껏 찍어도 돈이 들지 않기 때문에 찍고 싶은 만큼 많은 양의 사진을 찍을 수 있습니다. 특히, 사진을 연습하는 사람들에게는 경제적으로 도움이 많이 된답니다. 셋째, 디지털 카메라로 찍은 사진은 바로 컴퓨터로 옮겨 보존할 수 있습니다. 종이에 현상하지 않더라도 컴퓨터 화면으로 사진을 보고, 색깔을 스스로 바꾸거나 크기를 줄일 수도 있어서 자신이 원하는 사진을 만들 수 있답니다. 또, 이메일로 친구에게 사진을 파일로 보내 주거나, 자신의 홈페이지에 사진을 올려서 다른 사람들과 함께 볼 수도 있답니다.

CCD : 신호를 기억하고 전송하는 2가지 기능을 동시에 갖추고 있는
　반도체 소자
메모리(memory) : 기억 장치

①
핵심어
찾기

다음 어휘들이 위 글에서 몇 번씩 나왔는지 개수를 세어 보세요. 많이 등장한 어휘일수록 글의 주제와 가장 관련이 깊은 핵심어입니다.

문제 개수 **6** 개

맞은
개수 　 개

틀린
개수 　 개

컴퓨터	종이	필름	이메일	홈페이지	디지털 카메라

♥ 다음 [보기]를 이용해서 ❷~❸번 문제를 풀어 보세요.

[보기]
① 필름을 사용한다.　　　　　② 필름 값이 들지 않는다.
③ 전문가만 찍을 수 있다.　　　④ 사진을 볼 때까지 오래 기다려야 한다.
⑤ 사진을 바로 컴퓨터로 옮겨 보존할 수 있다.
⑥ 사진을 찍고 바로 확인할 수 있다.

❷
글의 짜임
그리기

다음은 위 글의 내용을 한눈에 볼 수 있도록 정리한 표입니다. ㉮~㉰에 [보기]의 ①~⑥을 알맞게 넣어 표를 완성해 보세요.

문제 개수 3 개

맞은
개수 ⃝ 개

틀린
개수 ⃝ 개

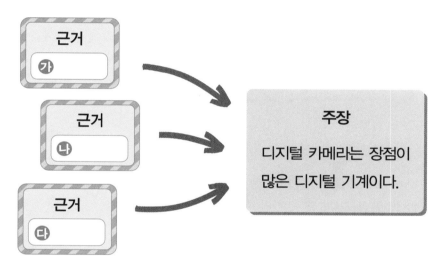

근거
㉮

근거
㉯

근거
㉰

주장
디지털 카메라는 장점이
많은 디지털 기계이다.

❸
요약
하기

다음은 위 글의 중심 내용을 요약한 것입니다. ㉮, ㉯에 [보기]의 ①~⑥을 알맞게 넣어 요약 글을 완성해 보세요.

문제 개수 2 개

맞은
개수 ⃝ 개

틀린
개수 ⃝ 개

　디지털 카메라는 장점이 많은 디지털 기계이다. 디지털 카메라는 사진을 찍자마자 그 자리에서 확인할 수 있고, CCD와 메모리를 사용하기 때문에 ┃㉮┃. 또, 컴퓨터와 연결하면 ┃㉯┃.

④ 제목
달기

문제 개수 **5** 개

맞은
개수   개

틀린
개수   개

다음은 위 글의 제목 후보입니다. 먼저, 위 글의 제목으로 가장 알맞은 것을 골라 빈칸에 ○를 하세요. 그런 다음, 주어진 조건에 맞게 ×, △, □를 표시하세요. (단, ○는 딱 한 개만 고르세요.)

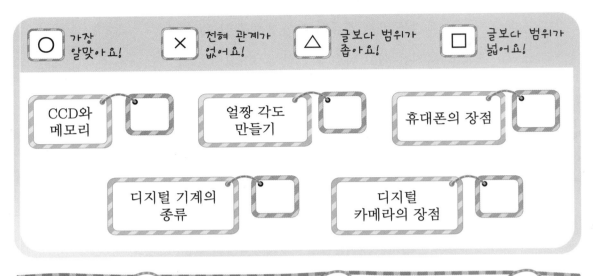

○ 가장 알맞아요!   × 전혀 관계가 없어요!   △ 글보다 범위가 좁아요!   □ 글보다 범위가 넓어요!

CCD와 메모리

얼짱 각도 만들기

휴대폰의 장점

디지털 기계의 종류

디지털 카메라의 장점

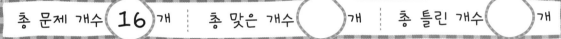

총 문제 개수 **16** 개 | 총 맞은 개수 ◯ 개 | 총 틀린 개수 ◯ 개

상식 쑥쑥 키우는 7교시

역사를 바꿔 놓은 한 권의 책

글을 읽고 나서 오늘 공부를 신나게 시작하자고!

미국의 16대 대통령이었던 아브라함 링컨은 그 당시 일어났던 남북 전쟁을 승리로 이끈 위대한 지도자였습니다. 뿐만 아니라 그 당시 미국 사회의 큰 논쟁거리였던 노예 제도를 폐지해 흑인 노예들로 하여금 자유를 누리게 합니다.

이런 링컨의 행동 뒤에는 한 권의 책이 있었습니다. 바로 스토 부인이 쓴 '톰 아저씨의 오두막(Uncle Tom's Cabin)'이라는 단편 소설이었지요. 이 책의 내용은 당시 흑인 노예들이 얼마나 비참한 생활을 하는지 낱낱이 드러내 보이며 많은 미국인들에게 충격을 주었습니다.

링컨도 노예 제도의 잘못을 인정하면서도 그것이 폐지되려면 앞으로 100년은 걸릴 것이라는 생각을 하고 있었지요. 그런데 그 책을 읽은 뒤에 큰 슬픔을 느끼며 노예 제도 폐지를 위해서 온 힘을 쏟았다고 합니다. 언젠가 링컨이 스토 부인을 만나자 '아, 이분이 바로 그 위대한 소설을 쓴 작은 여인이군요!' 라고 했다는 일화는 유명하지요.

머리 풀어주는 퍼즐

도전 시간
00 분 10 초

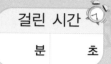
걸린 시간
분 초

창의사고력 기초 다지기   주의집중력   쑥~

다음 ❶~❹ 중에서 다른 그림 하나를 찾아 번호를 쓰세요.

문제 1

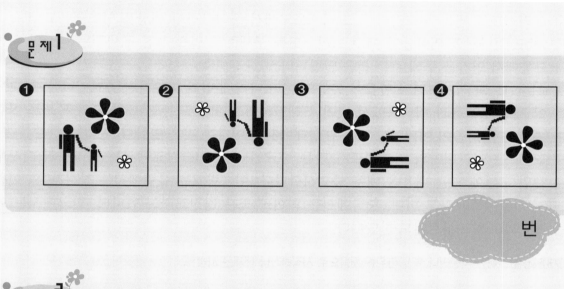

번

문제 2

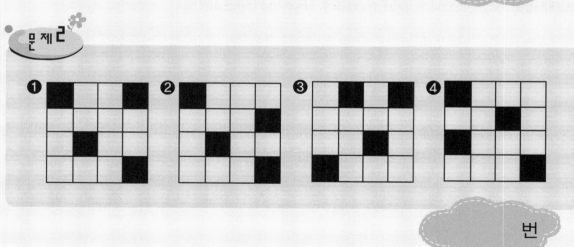

번

빠르고 정확하게 읽기

● 오늘의 읽기 자료입니다. 잘 읽고 문제를 풀어 보세요.

세상에는 다양한 종교들이 있습니다. 사람들은 행복과 마음의 평화를 얻기 위해 종교를 믿고 의지합니다. 우리가 어떠한 종교를 가지고 있거나 그렇지 않더라도, 세계에 어떤 종교가 있는지 알고 이에 대해서 이해하려는 태도는 필요하겠지요?

세계의 3대 종교는 그리스도교, 불교, 이슬람교입니다. 그리스도교는 예수 그리스도를 믿는 종교입니다. 그리스도교에서는 하나님이 세상을 창조했다고 믿습니다. 그리고 하나님의 외아들인 예수 그리스도를 구세주로 믿습니다. 구세주는 세상의 위험이나 고통에서 인간을 구해 주는 분을 말합니다.

불교는 인도의 석가모니가 만들어 동양의 여러 나라에 널리 퍼뜨려진 종교입니다. 불교에서는 이 세상의 고통과 어려움에서 벗어나 해탈하여 부처가 되는 것을 최고의 목표로 여깁니다. 해탈이란 마음이 어지럽고 괴로운 상태에서 벗어나는 것을 말합니다.

이슬람교는 아라비아의 마호메트가 만든 종교입니다. 이슬람교에서는 알라신의 계시를 모은 책인 코란에 있는 내용을 매우 중요시합니다. 이슬람교는 유럽에서는 창시자*의 이름을 따서 마호메트교라고 하며, 중국에서는 회회교 또는 청진교라고 합니다. 한국에서는 이슬람교를 회교라고 부르기도 한답니다.

창시자(創始者) : 어떤 사상이나 학설 따위를 처음으로 시작하거나 내세운 사람

①
핵심어 찾기

다음 어휘들 중에 위 글에 나온 어휘가 있으면 빈칸에 동그라미 하세요. 동그라미 한 어휘들이 위 글의 주제와 가장 관련이 높은 핵심어입니다.

문제 개수 10개

맞은 개수 ◯ 개

틀린 개수 ◯ 개

종교	문명	그리스도교	문화	이슬람교	유교	철학	불교	도교	무교

♥ 다음 보기 를 이용해서 ❷~❸번 문제를 풀어 보세요.

보기 ① 불교   ② 이슬람교   ③ 그리스도교

④ 인도의 석가모니가 만들었다.   ⑤ 예수 그리스도를 믿는 종교이다

⑥ 하나님이 세상을 창조했다고 믿는다.   ⑦ 한국에서는 회교라고 부르기도 한다.

⑧ 코란에 있는 내용을 매우 중요시한다.   ⑨ 아라비아의 마호메트가 만들었다.

⑩ 해탈하여 부처가 되는 것을 최고의 목표로 여긴다.

❷ 글의 짜임 그리기

다음은 위 글의 내용을 한눈에 볼 수 있도록 정리한 표입니다. ㉮~㉰에 보기 의 ①~⑩을 알맞게 넣어 표를 완성해 보세요.

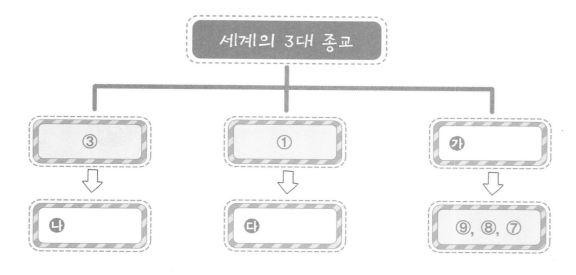

세계의 3대 종교

③   ①   ㉮

㉯   ㉰   ⑨, ⑧, ⑦

❸ 요약 하기

다음은 위 글의 중심 내용을 요약한 것입니다. ㉮~㉰에 보기 의 ①~⑩을 알맞게 넣어 요약 글을 완성해 보세요.

세계의 3대 종교는 그리스도교, 불교, 이슬람교이다. 그리스도교는 ㉮ 는 특징을, 불교는 ㉯ 는 특징을 가지고 있다. 그리고 한국에서 회교로 불리기도 하는 이슬람교는 ㉰ 는 특징을 가지고 있다.

다음은 위 글의 제목 후보입니다. 먼저, 위 글의 제목으로 가장 알맞은 것을 골라 빈칸에 ○를 하세요. 그런 다음, 주어진 조건에 맞게 ×, △, ▢를 표시하세요. (단, ○는 딱 한 개만 고르세요.)

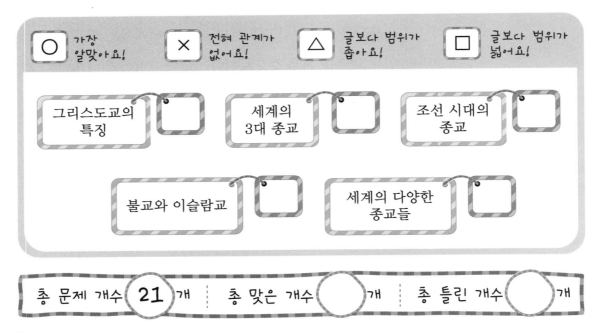

○ 가장 알맞아요! × 전혀 관계가 없어요! △ 글보다 범위가 좁아요! ▢ 글보다 범위가 넓어요!

그리스도교의 특징 ⬜

세계의 3대 종교 ⬜

조선 시대의 종교 ⬜

불교와 이슬람교 ⬜

세계의 다양한 종교들 ⬜

총 문제 개수 21 개 │ 총 맞은 개수 ◯ 개 │ 총 틀린 개수 ◯ 개

상식 쑥쑥 키우는 72

글을 읽고 나서 오늘 공부를 신나게 시작하자고!

초가집을 세 번 찾은 유비

삼고초려(三顧草廬)란 초가집을 세 번 찾아간다는 뜻으로 나관중이 쓴 '삼국지연의'의 한 일화에서 유래합니다. 삼국을 통일하여 한나라의 뒤를 이으려는 뜻을 세운 유비는 지혜로운 인재를 곁에 두고 싶었습니다. 그래서 유능한 책사로 소문난 제갈공명을 얻기 위해 그의 누추한 초가집을 두 번이나 찾아갑니다. 제갈공명은 일부러 집을 비우며 그를 피하였지요.

세 번째 다시 그곳을 찾았을 때 제갈공명은 잠을 자고 있었습니다. 성질 급한 관우와 장비는 성을 내며 돌아오기를 원했지요. 그러나 유비는 참을성 있게 그가 깨기를 기다립니다. 유비의 정성에 탄복한 제갈공명은 결국 마음을 돌려 유비를 도와 촉나라를 세우는 데 큰 역할을 합니다.

이렇듯 사람을 얻고자 할 때는 진심으로 예를 갖추어 맞이해야 하지요. 인재를 알아보는 것도, 그리고 그 사람과 평생을 함께하는 것도 마음을 다하는 노력과 정성이 필요하답니다.

머리 풀어주는 퍼즐

창의사고력 기초 다지기 연상추리력 쏙~

다음 도형들의 순서를 잘 살펴보고, 마지막에 올 도형을 그려 보세요.

문제 1

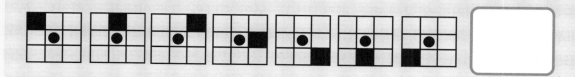

문제 2

문제 3

도전시간

| 4 | 분 | 40 | 초 |

걸린시간

| | 분 | | 초 |

● 오늘의 읽기 자료입니다. 잘 읽고 문제를 풀어 보세요.

겨울이 되면 날씨가 건조해져서 피부가 거칠어지고 심하면 간지럽기도 합니다. 피부에서 수분이 날아가 피부가 건조해지기 때문인데요, 집에서 쉽게 할 수 있는 겨울철 피부 관리 방법에 대해 알아 봅시다.

먼저, 뜨거운 물에 수건을 담갔다가 꽉 짠 다음 얼굴에 대고 수건에서 나오는 스팀을 3분간 쐽니다. 이렇게 스팀 타월을 하면 얼굴에 있는 딱딱한 각질*이 부드러워지는데, 이때 얼굴에 비누칠을 해서 살살 문질러 주면 각질이 잘 떨어져 나갑니다. 각질이 제거된 피부에 팩을 하면 팩의 영양소가 피부에 잘 스며든답니다.

팩은 피부에 수분과 영양소를 공급해 피부를 촉촉하게 해 주는 역할을 합니다. 스팀 타월을 하고 각질을 제거한 얼굴에 팩을 바르고 10분 동안 기다립니다. 이때 말을 하거나 웃으면 피부에 주름이 질 수 있기 때문에 얼굴 피부를 움직이지 말고 기다려야 합니다. 팩을 하고 10분 정도 뒤에 미지근한 물로 씻어 내면 피부가 몰라보게 촉촉해져 있답니다. 특히 우유에 꿀을 섞은 꿀우유 팩과 녹인 흑설탕과 로션을 섞은 흑설탕 팩은 재료도 구하기 쉽고 효과도 만점입니다. 마지막으로 물을 충분히 마셔서 몸 안의 수분을 채워 주는 것도 피부를 촉촉하게 만드는 매우 좋은 방법입니다.

각질(角質) : 동물의 몸을 보호하는 비늘, 털, 뿔, 부리, 손톱 따위를 이루는, 케라틴

성분의 물질

❶ 핵심어 찾기

다음 어휘들 중에 위 글에 나온 어휘가 있으면 빈칸에 동그라미 하세요. 동그라미 한 어휘들이 위 글의 주제와 가장 관련이 높은 핵심어입니다.

문제 개수 8 개

맞은 개수 ◯ 개

틀린 개수 ◯ 개

피부	머릿결	스팀 타월	꿀우유 팩	탄력	흑설탕 팩	윤기	수분

♥ 다음 보기 를 이용해서 ❷~❸번 문제를 풀어 보세요.

보기
① 팩을 깨끗이 씻어 내기   ② 피부를 자주 두드려 주기
③ 팩을 하고 10분간 기다리기   ④ 얼굴 근육을 많이 움직여 주기
⑤ 비누칠을 해서 각질을 제거하기   ⑥ 스팀 타월로 각질을 부드럽게 하기
⑦ 피부를 세게 문질러 각질을 제거하기   ⑧ 물을 마셔 몸 안의 수분을 채워 주기

문제 개수 5 개

맞은 개수 ⃝ 개

틀린 개수 ⃝ 개

다음은 위 글의 내용을 한눈에 볼 수 있도록 정리한 표입니다. ㉮~㉲에 보기 의 ①~⑧을 알맞게 넣어 표를 완성해 보세요.

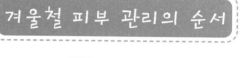

겨울철 피부 관리의 순서

문제 개수 2 개

맞은 개수 ⃝ 개

틀린 개수 ⃝ 개

다음은 위 글의 중심 내용을 요약한 것입니다. ㉮, ㉯에 보기 의 ①~⑧을 알맞게 넣어 요약 글을 완성해 보세요.

겨울철 건조해진 피부를 촉촉하게 만들기 위해서는 먼저, ㉮ ☐ 를 한 다음 비누칠을 해서 각질을 살살 제거한다. 그런 다음 팩을 하고 10분간 기다린 뒤 씻어 내면 촉촉한 피부가 된다. 마지막으로 ㉯ ☐ 를 하면 더욱 좋다.

제목
달기 ❹

문제 개수 5 개

맞은
개수 　 개

틀린
개수 　 개

다음은 위 글의 제목 후보입니다. 먼저, 위 글의 제목으로 가장 알맞은 것을 골라 빈칸에 ○를 하세요. 그런 다음, 주어진 조건에 맞게 ×, △, □를 표시하세요. (단, ○는 딱 한 개만 고르세요.)

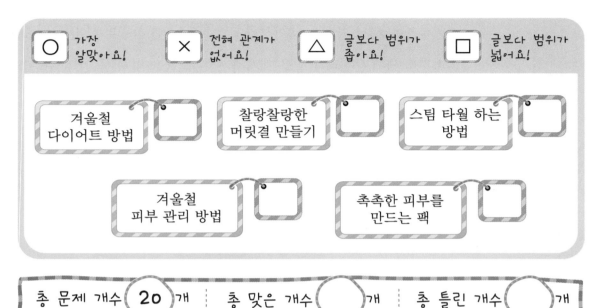

○ 가장 알맞아요!　　× 전혀 관계가 없어요!　　△ 글보다 범위가 좁아요!　　□ 글보다 범위가 넓어요!

겨울철 다이어트 방법　□

찰랑찰랑한 머릿결 만들기　□

스팀 타월 하는 방법　□

겨울철 피부 관리 방법　□

촉촉한 피부를 만드는 팩　□

총 문제 개수 20 개　　총 맞은 개수 　 개　　총 틀린 개수 　 개

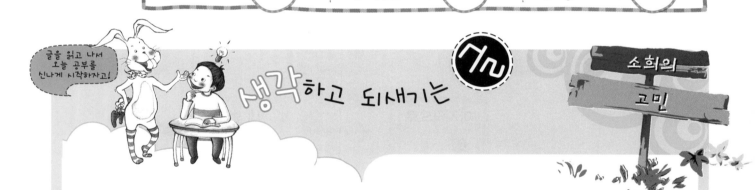

글을 읽고 나서 오늘 공부를 신나게 시작하자고!

생각하고 되새기는 72

소희의 고민

　　소희는 고민이 생겼습니다. 짝꿍 영대가 친구들에게 괴롭힘을 당하기 때문입니다. 영대는 매일 친구들에게 놀림을 당하고 어느 날은 물건을 빼앗기기도 합니다. 그런데 소희는 마음속으로만 영대를 안타깝게 생각할 뿐, 나서서 영대를 도와주지 못합니다. 만약 영대 편을 들면 자기도 친구들에게 따돌림을 당할까 두렵기 때문입니다. 그래서 소희는 지금까지 그 사실을 모르는 척하고 아무에게도 그 이야기를 하지 못했습니다.

　　그러던 어느 날 체육 시간이 끝나고 교실에 들어와 보니, 칠판에 가득 영대에 대한 욕설이 쓰여 있었습니다. 하지만 아무도 그것을 지워 주지 않았습니다. 영대는 속이 상해서 엉엉 울었습니다. 소희는 망설였습니다. 칠판에 쓰인 낙서를 지워야 할는지, 아니면 선생님께 도움을 청해야 할는지, 영대를 괴롭히는 친구들과 맞서 대신 화를 내야 할지 도무지 결정할 수가 없었습니다.

　　여러분이 영대였다면 어떤 마음일까요? 소희와 같은 입장이라면 어떻게 행동했을까요? 가장 좋은 해결 방법은 무얼까 생각해 봅시다.

60

머리 풀어주는 퍼즐

도전 시간	걸린 시간
00 분 15 초	분 초

창의사고력 기초 다지기 판단능력 쏙~

다음 도형 그림에는 'ㄱ'부터 'ㅅ' 중 빠진 자음이 하나씩 있습니다.
어떤 도형에 어떤 자음이 빠져 있는지 찾아 보세요.

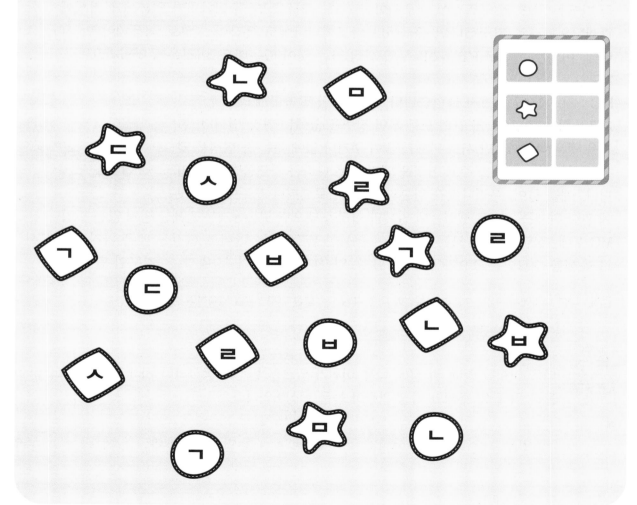

빠르고 **정확**하게 **읽기**

● 오늘의 읽기 자료입니다. 잘 읽고 문제를 풀어 보세요.

MC : 어린이 여러분, 안녕하세요? 오늘도 어김없이 킹왕짱 퀴즈 시간이 돌아왔습니다. 우주인 팀과 지구인 팀 중에 먼저 우주인 팀, 문제 선택해 주세요.

우주인 팀 : '시사' 선택하겠습니다.

MC : 문제를 잘 듣고 답을 아는 팀은 벨을 눌러 주세요. WTO는 국가 간의 무역을 책임지고 관리하는 국제 기구입니다. WTO의 규범은 148개의 모든 회원 국가가 따라야 하며 회원국 간에는 차별 없이 똑같이 대우해야 합니다. 예를 들면, 우리나라가 일본에게 버섯에 관한 관세*를 30%로 결정했다면 중국이나 아르헨티나에도 똑같이 30%로 적용해야 합니다. 그런데, 이와는 반대로 FTA(자유 무역 협정)라는 것이 있는데요, 이것은 무엇일까요?

지구인 팀 : 삐—

MC : 지구인 팀이 먼저 눌렀습니다. 지구인 팀 말씀하세요.

지구인 팀 : FTA는 국가 간의 모든 무역 장벽을 없애는 협정*입니다. 협정을 맺은 나라끼리만 서로 관세를 줄여 주거나 없애 주는 등 협정을 맺은 나라에게는 특혜를 주고 협정을 맺지 않은 나라는 차별을 하는 것입니다. 예를 들어, 우리나라가 일본과 중국, 아르헨티나 모두에게 버섯

에 관한 관세를 30%로 했었는데 일본과 협정을 맺으면 일본에게는 관세를 받지 않는 것입니다.

MC : 네, 정답입니다. 모든 회원국이 동등한 WTO와는 반대로 협정을 맺은 나라끼리만 서로 특혜를 주고받는 것이 FTA라고 할 수 있습니다. 오늘의 '킹왕짱'은 지구인 팀입니다.

관세 : 다른 나라에서 수입·수출하는 물건에 대한 세금   협정 : 어떤 일을 약속하여 정하는 것

❶ 핵심어 찾기

다음 어휘들 중에 위 글에 나온 어휘가 있으면 빈칸에 동그라미 하세요. 동그라미 한 어휘들이 위 글의 주제와 가장 관련이 높은 핵심어입니다.

문제 개수 8개

맞은 개수 ⬚ 개

틀린 개수 ⬚ 개

FTA	UN	WTO	회담	할인	관세	NBA	무역

62

♥ 다음 보기를 이용해서 ❷~❸번 문제를 풀어 보세요.

보기
① 세계 평화를 위한 기구
② 국가 간의 무역을 책임지고 관리하는 국제 기구
③ 국가 간의 무역에 관련됨.   ④ 전 세계의 모든 국가가 가입됨.
⑤ 협정을 맺지 않은 나라는 차별함.   ⑥ 국가 간의 무역 장벽을 없애는 협정
⑦ 회원국 간에는 차별 없이 똑같이 대우함.
⑧ 협정을 맺은 나라끼리만 서로 특혜를 주고받음.

❷
글의 짜임
그리기

문제 개수 2 개

맞은
개수 ⬭ 개

틀린
개수 ⬭ 개

다음은 위 글의 내용을 한눈에 볼 수 있도록 정리한 표입니다. 빈칸에 〈보기〉의 ①~⑧을
알맞게 넣어 표를 완성해 보세요.

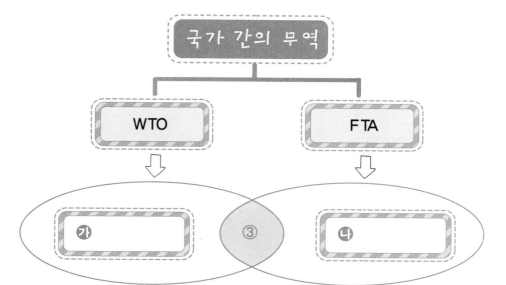

❸
요약
하기

문제 개수 2 개

맞은
개수 ⬭ 개

틀린
개수 ⬭ 개

다음은 위 글의 중심 내용을 요약한 것입니다. ㉮, ㉯에 보기의 ①~⑧을 알맞게 넣어 요
약 글을 완성해 보세요.

WTO는 [㉮] (으)로, 회원국 간에 차별없이 똑같이 대우해야 한다는 원칙을
따른다. 한편 FTA는 [㉯] (으)로, 협정을 맺은 나라끼리만 서로 특혜를 주고
받는다.

다음은 위 글의 제목 후보입니다. 먼저, 위 글의 제목으로 가장 알맞은 것을 골라 빈칸에 ○를 하세요. 그런 다음, 주어진 조건에 맞게 ×, △, □를 표시하세요. (단, ○는 딱 한 개만 고르세요.)

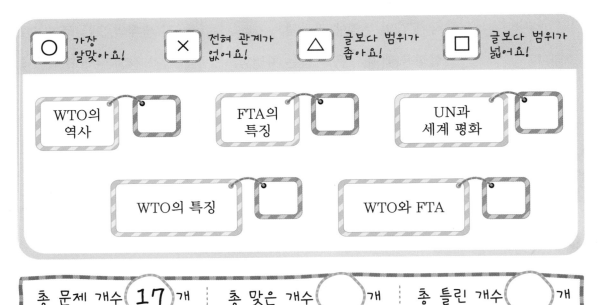

○ 가장 알맞아요!   × 전혀 관계가 없어요!   △ 글보다 범위가 좁아요!   □ 글보다 범위가 넓어요!

WTO의 역사

FTA의 특징

UN과 세계 평화

WTO의 특징

WTO와 FTA

총 문제 개수 17 개 | 총 맞은 개수 ◯ 개 | 총 틀린 개수 ◯ 개

글을 읽고 나서 오늘 공부를 신나게 시작하자고!

좋은 습관 다지는

좋은 친구를 얻기 위한 비법

첫째, 먼저 친구를 믿어라!
둘째, 친구와의 약속은 꼭 지켜라!
셋째, 칭찬은 되도록 크게, 모두가 알게 하라!

키케로는 '친구란 두 신체에 깃든 하나의 영혼이다.'라고 했어요. 친구 사이의 믿음은 두 친구를 하나로 이어 주는 끈끈한 매개체가 되지요. 그리고 친구가 싫어하는 장난을 계속 한다거나, 놀이를 하면서 규칙을 지키지 않는다면 친구와의 사이는 점점 멀어질지도 몰라요. 말로 하지 않아도 친구 사이의 약속은 꼭 지켜야 하는 것이에요. 마지막으로, '친구를 칭찬할 때는 모든 사람이 알게 하고, 친구를 책망할 때는 본인 이외에는 아무도 모르게 하라.'라는 독일의 격언이 있어요. 친구의 장점을 찾아서 많은 사람에게 이야기해 주세요.

이 세 가지를 꼭 기억하고 실천하면 여러분 곁에는 좋은 친구들이 가득할 것입니다.

도전 시간	걸린 시간
00 분 15 초	분 초

창의사고력 기초 다지기 · 정보처리능력 쑥~

다음 규칙 에 따라 출발점에서 도착점까지 선을 그으며 움직여 보세요.

규칙

●위쪽으로 한 칸 △왼쪽으로 한 칸 □오른쪽으로 한 칸 ■아래쪽으로 한 칸

출발 →

       도착

65

빠르고 정확하게 읽기

속독 정독

도전시간

4 분 30 초

걸린시간

분 초

● **오늘의 읽기 자료입니다. 잘 읽고 문제를 풀어 보세요.**

한국인인 준이의 어머니는 일본인인 준이의 아버지와 결혼해서 준이를 낳았습니다. 준이는 일본에서 태어나 일본에서 자랐기 때문에 한국어를 전혀 하지 못했지만, 항상 어머니의 나라인 한국에 대해 알고 싶다는 생각을 했습니다.

한국에 대해 알기 위해 우선 한국어를 할 수 있어야 한다고 생각한 준이는 한국어를 공부하기로 결심했습니다. 그런 다음 언어를 빨리, 그리고 즐겁게 배울 수 있는 여러 방법을 찾아보았고, 그대로 행동으로 옮기기 시작했습니다.

준이는 먼저 한국에 있는 어학당에 등록하였습니다. 그곳에서 매일 3시간씩 수업을 들으며, 예습, 복습을 철저히 하였습니다. 그 다음 하루에 한 시간씩 좋아하는 한국어 노래를 듣고 가사를 따라 불렀습니다. 또 재미있는 한국 드라마를 보고 흉내를 내거나 영화의 대본을 보고 역할을 정해서 연기를 해 보기도 했습니다. 그리고 준이는 한국인 친구들과 즐겁게 놀면서 많은 이야기를 나누었습니다.

이렇게 한국에서 즐거운 시간을 보내는 동안 준이는 어느새 한국어를 유창하게 할 수 있게 되었습니다.

❶ **핵심어 찾기**

다음 어휘들이 위 글에서 몇 번씩 나왔는지 개수를 세어 보세요. 많이 등장한 어휘일수록 글의 주제와 가장 관련이 깊은 핵심어입니다.

문제 개수 6 개

맞은 개수 〔   〕 개

틀린 개수 〔   〕 개

드라마	한국어	연기	흉내	영화	어학당

♥ 다음 보기를 이용해서 ❷~❸번 문제를 풀어 보세요.

보기
① 한국어로 일기 쓰기
② 한국 드라마 보고 흉내 내기
③ 한국어 노래를 듣고 가사를 따라 부르기
④ 매일 3시간씩 수업을 듣고 예습, 복습하기
⑤ 한국어로 많은 대화를 하기
⑥ 한국 영화의 대본을 보고 역할을 정해서 연기를 해 보기

❷
글의 짜임
그리기

문제 개수 5 개

맞은
개수   개

틀린
개수   개

다음은 위 글의 내용을 한눈에 볼 수 있도록 정리한 표입니다. ㉮~㉱에 보기의 ①~⑥을 알맞게 넣어 표를 완성해 보세요.

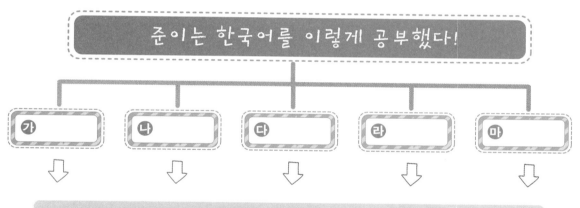

준이는 한국어를 이렇게 공부했다!

| ㉮ | ㉯ | ㉰ | ㉱ | ㉲ |

어느새 준이는 한국어로 유창하게 말할 수 있게 됨.

❸
요약
하기

문제 개수 2 개

맞은
개수   개

틀린
개수   개

다음은 위 글의 중심 내용을 요약한 것입니다. ㉮, ㉯에 보기의 ①~⑥을 알맞게 넣어 요약 글을 완성해 보세요.

준이는 어머니의 나라인 한국에 대해 알고 싶어 한국어를 배우기로 하였다. 준이는 어학당에 등록해서 [㉮]를 하고, 한국어 노래, 드라마, 영화를 통해 한국어를 공부하였다. 또 한국인 친구들을 사귀어 [㉯]를 하였다. 어느새 준이는 한국어로 유창하게 말할 수 있게 되었다.

다음은 위 글의 제목 후보입니다. 먼저, 위 글의 제목으로 가장 알맞은 것을 골라 빈칸에 ○를 하세요. 그런 다음, 주어진 조건에 맞게 ×, △, □를 표시하세요. (단, ○는 딱 한 개만 고르세요.)

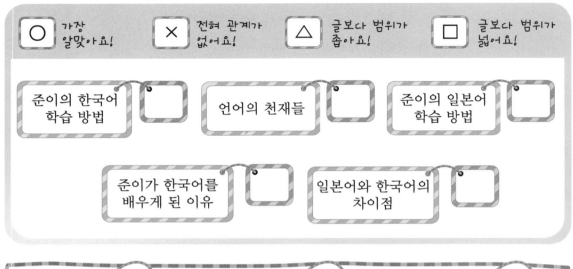

○ 가장 알맞아요! × 전혀 관계가 없어요! △ 글보다 범위가 좁아요! □ 글보다 범위가 넓어요!

| 준이의 한국어 학습 방법 | 언어의 천재들 | 준이의 일본어 학습 방법 |

| 준이가 한국어를 배우게 된 이유 | 일본어와 한국어의 차이점 |

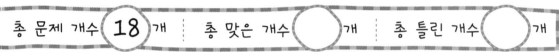

총 문제 개수 ⟨ 18 ⟩ 개 | 총 맞은 개수 ⃝ 개 | 총 틀린 개수 ⃝ 개

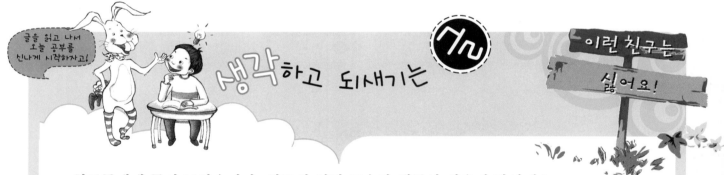

생각하고 되새기는 7교시

이런 친구는 싫어요!

글을 읽고 나서 오늘 공부를 신나게 시작하자고!

친구들에게 물어 보았습니다. 친구의 어떤 모습과 행동이 싫은지 말이에요.
아주 다양한 대답이 나왔습니다.

잘난 척하는 친구, 소심하고 말 없는 친구, 남학생들에게 인기 많은 친구, 예쁜 옷만 입는 친구, 너무 뚱뚱한 친구, 남의 험담을 잘하는 친구, 공부를 못하는 친구, 더러운 모습에 머리를 잘 안 감는 친구, 행동이 느린 친구, 운동을 못하는 친구, 잘 어울리지 못하는 친구, 너무 얌전한 친구, 키가 작은 친구……

그런데 이 대답들을 찬찬히 잘 들여다보세요. 이 중에서 남의 험담을 하거나 너무 지저분한 모습은 친구들이 싫어할 만한 것이지만, 나머지 것들은 정도의 차이만 있을 뿐 누구에게나 해당될 수 있는 내용이 아닐까요?

친구의 행동을 비난하고 탓하기 전에 스스로를 한번 되돌아보세요. 내가 싫어하는 친구의 모습은 바로 나만 모르는 나의 모습일지도 모르니까요.

15회

머리 풀어주는  퍼 즐

창의사고력 기초 다지기 계산능력 쑥~

사다리를 타고 내려가면서, 같은 도형 속의 숫자가 나올 수 있도록 +, −, ×를 이용해 빈칸을 채워 보세요.(단, 자연수만 이용합니다.)

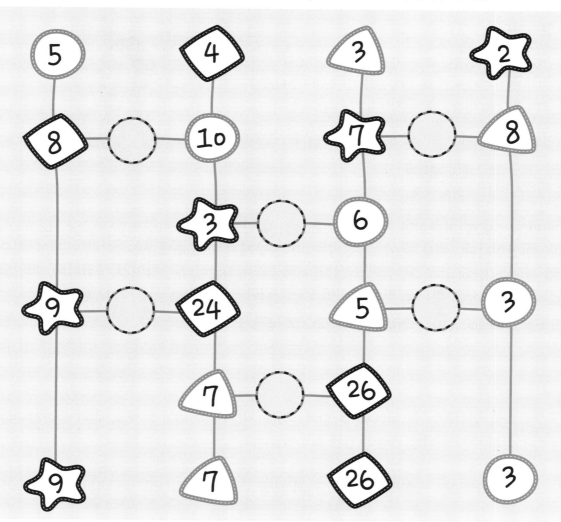

빠르고 **정확**하게

4 분	50 초

걸린시간

분	초

● 오늘의 읽기 자료입니다. 잘 읽고 문제를 풀어 보세요.

　　우리는 보통 다이어트를 시작할 때 자신의 '이상 체중*'이나 '비만도', 그리고 현재의 건강 상태와는 관계없이 '몇 킬로그램 감량*!'이라는 목표를 설정하고 무리한 다이어트 계획을 세우게 됩니다. 그러나 다이어트에 성공하기 위해서는 무리한 목표와 실행보다는 체중이 늘어난 원인을 분석한 다음 알맞은 목표를 정하고 실행해야 합니다. 그렇다면 나의 이상 체중과 비만도는 얼마일까요? 이상 체중과 비만도를 구하는 계산식은 아래의 공식으로 나타낼 수 있습니다.

> 키가 160cm 이상일 때 = (자신의 키−100)×0.9
> 키가 150~160cm일 때 = (자신의 키−150)÷2+50
> 키가 150cm 이하일 때 = (자신의 키−100)

이렇게 구한 이상 체중으로 비만도를 구할 수 있습니다.

$$비만도(\%) = \frac{현재\ 몸무게}{이상\ 체중} \times 100$$

　　비만도가 90% 미만이면 체중 미달, 90~110%면 정상, 110~120%면 과체중, 120% 이상이면 비만입니다. 예를 들어, 자신의 키와 몸무게가 152cm에 50kg이라면 이상 체중은 (152−150)÷2+50으로 51이 되고 현재의 체중과는 1kg이라는 차이가 생깁니다. 비만도를 계산해 보면 98.04 정도로 정상 범위에 들어갑니다.

이상 체중 : 키에 맞는 몸무게　　**감량(減量)** : 수량이나 무게를 줄임.

❶ 핵심어 찾기

다음 어휘들이 위 글에서 몇 번씩 나왔는지 개수를 세어 보세요. 많이 등장한 어휘일수록 글의 주제와 가장 관련이 깊은 핵심어입니다.

문제 개수 6 개

맞은 개수 ◯ 개

틀린 개수 ◯ 개

다이어트	이상 체중	과체중	체중 미달	감량	비만도

♥ 다음 보기를 이용해서 ❷~❸번 문제를 풀어 보세요.

보기
① 비만　　② 정상　　③ 과체중　　④ 체중 미달
⑤ 키가 160cm이상일 때 = (자신의 키-100)×0.9
⑥ 키가 150~160cm일 때 = (자신의 키-150)÷2+50
⑦ 키가 150cm이하일 때 = (자신의 키-100)
⑧ 현재 몸무게÷이상 체중×100 = 90% 미만
⑨ 현재 몸무게÷이상 체중×100 = 90~110%
⑩ 현재 몸무게÷이상 체중×100 = 110~120%
⑪ 현재 몸무게÷이상 체중×100 = 120% 이상

❷
글의 짜임
그리기

다음은 위 글의 내용을 한눈에 볼 수 있도록 정리한 표입니다. ㉮~㉯에 보기의 ①~⑪을 알맞게 넣어 표를 완성해 보세요.

문제 개수 6 개

맞은 개수 〔　〕개

틀린 개수 〔　〕개

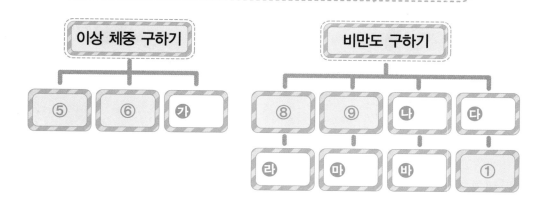

키와 몸무게를 고려한 다이어트 계획하기

이상 체중 구하기
⑤　⑥　㉮

비만도 구하기
⑧　⑨　㉯　㉰
㉱　㉲　㉳　①

❸
요약
하기

다음은 위 글의 중심 내용을 요약한 것입니다. ㉮~㉰에 보기의 ①~⑪을 알맞게 넣어 요약 글을 완성해 보세요.

문제 개수 3 개

맞은 개수 〔　〕개

틀린 개수 〔　〕개

키와 몸무게에 따라 이상 체중과 비만도를 구할 수 있다. 비만도(%)를 구하여, 90% 미만이면 〔㉮〕, 90~110%면 〔㉯〕, 110~120%면 〔㉰〕, 120% 이상이면 비만이다.

다음은 위 글의 제목 후보입니다. 먼저, 위 글의 제목으로 가장 알맞은 것을 골라 빈칸에 ○를 하세요. 그런 다음, 주어진 조건에 맞게 ×, △, □를 표시하세요. (단, ○는 딱 한 개만 고르세요.)

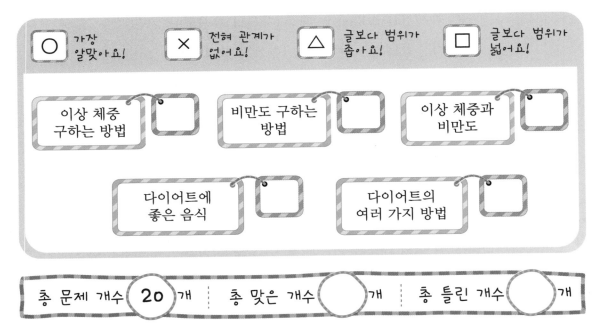

○ 가장 알맞아요!　　× 전혀 관계가 없어요!　　△ 글보다 범위가 좁아요!　　□ 글보다 범위가 넓어요!

이상 체중 구하는 방법 ☐

비만도 구하는 방법 ☐

이상 체중과 비만도 ☐

다이어트에 좋은 음식 ☐

다이어트의 여러 가지 방법 ☐

총 문제 개수 **20** 개 ┊ 총 맞은 개수 ◯ 개 ┊ 총 틀린 개수 ◯ 개

좋은 습관 다지는

글을 읽고 나서 오늘 공부를 신나게 시작하자고!

7권

마니또 친구를 만들자!

　친해지고 싶은 친구가 있나요? 한 발짝 더 친구 곁에 다가가고 싶지만 용기가 나지 않나요? 그렇다면 친구와 마음을 나눌 수 있는 특별한 방법을 써 보세요. 바로 마니또 친구를 만드는 것이랍니다. 마니또 친구는 누구라도 될 수 있어요. 새로 바뀐 짝꿍, 매일 손 잡고 등교하는 단짝 친구나 속으로만 몰래 좋아하는 친구도 나의 마니또가 될 수 있지요.

　마음속으로 한 명의 친구를 꼽아 보세요. 그리고 일주일 동안 그 친구가 눈치 채지 않도록 즐거운 일을 선물하는 겁니다. 친구 대신 청소를 해 준다거나 사물함에 작은 선물을 넣어 두어도 좋겠죠. 준비물을 대신 챙겨서 책상 위에 살짝 올려 놓아도 좋아요. 친구가 깜짝 놀라는 모습이 더 재미있고 기분 좋을 테니까요. 나중에 여러분이 마니또였던 사실을 안다면 그 친구와 여러분은 전보다 더 가까워져 있을 거예요.

16회

머리 풀어주는 퍼즐

도전 시간	걸린 시간
00 분 15 초	분 초

창의사고력 기초 다지기 주의집중력 쑥~

다음 ❶~❹ 중 보기 와 같은 그림을 찾아보세요.

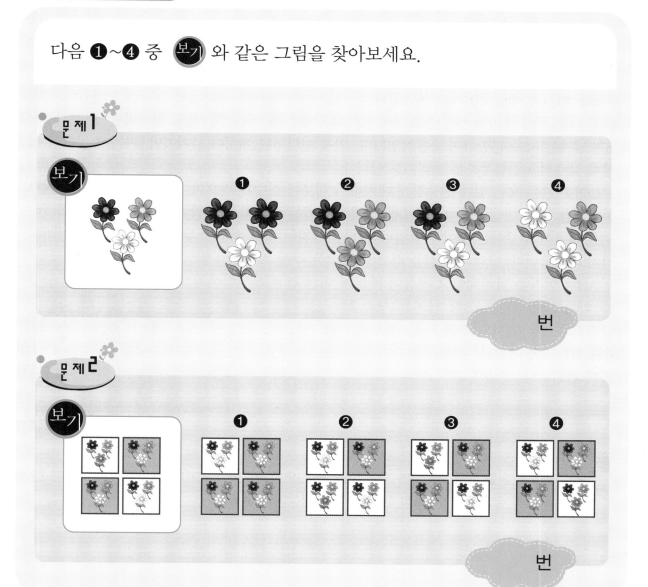

73

도전시간

| 4 | 분 | 50 | 초 |

걸린시간

| | 분 | | 초 |

● 오늘의 읽기 자료입니다. 잘 읽고 문제를 풀어 보세요.

우리는 혈액형별로 사람들의 다양한 성격을 판단하고는 합니다. 이것은 꽤 재미있는 성격 테스트법입니다. 물론 속설일 뿐이니 너무 믿으면 안 됩니다.

A형 여자는 자기 일은 자기가 알아서 처리하고 책임감이 강하지만, 의지가 약해서 상황이 불리해지면 쉽게 좌절하고 의존적으로 행동하기도 합니다. A형 남자는 성실하고 원칙을 잘 지키지만, 너무 완벽을 추구하기 때문에 한 가지만을 고집하여 파고드는 경향이 있습니다.

B형 여자는 행동파이자 기분파입니다. 새로운 것에 대한 호기심이 많지만 호기심이 충족되고 다른 것에 흥미가 생기면 그것에 심하게 집중을 해서 다른 것들을 잊어버릴 정도입니다. B형 남자는 자유 분방하며 즉흥적입니다. 언제 어디서나 개성이 넘치지만, 자기 중심적인 성향이 강해서 고집불통으로 불리기도 합니다.

O형 여자는 모든 일에 신중하게 대처하기 때문에 실수가 적으며, 에너지와 활력이 넘쳐서 분위기를 밝게 만듭니다. 또 목표를 향해 나아가는 끈기와 자신감이 강하지만 남의 의견에 귀를 기울이지 못하는 것이 단점입니다. O형 남자는 목적 의식이 뚜렷하고 따뜻한 인간미를 가지고 있습니다. 그러나 좌절을 겪고 난 후에는 무척 소심해져서 스스로를 괴롭힙니다.

AB형 여자는 합리적이고 적응이 빠르며 인간 관계도 원만하지만, 현실과 동떨어진 공상을 하기도 합니다. AB형 남자는 생각은 합리적으로 하면서도 행동은 늘 변화를 추구하는 성향이지만, 말수가 적고 무뚝뚝한 편입니다.

❶ 핵심어 찾기

다음 어휘들 중에 위 글에 나온 어휘가 있으면 빈칸에 동그라미 하세요. 동그라미 한 어휘들이 위 글의 주제와 가장 관련이 높은 핵심어입니다.

문제 개수 10개

맞은 개수 ⬜ 개

틀린 개수 ⬜ 개

타로점	O형	별자리	B형	AB형	혈액형	A형	D형	사주	성격

♥ 다음 보기를 이용해서 ❷~❸번 문제를 풀어 보세요.

보기
① 행동파이며 기분파이다.　　② 자유 분방하며 즉흥적이다.
③ 성실하고 원칙을 잘 지킨다.　④ 모든 일에 신중하게 대처하고 실수가 적다.
⑤ 자기 일은 자기가 알아서 처리하고 책임감이 강하다.
⑥ 합리적이고 상황 적응이 빠르며 대인 관계도 원만하다.
⑦ 생각은 합리적으로 하면서도 행동은 늘 변화를 추구한다.
⑧ 목적 의식이 뚜렷하고 따뜻한 인간미를 가지고 있다.

❷
글의 짜임
그리기

다음은 위 글의 내용을 한눈에 볼 수 있도록 정리한 표입니다. ㉮~㉺에 보기의 ①~⑧을 알맞게 넣어 표를 완성해 보세요.

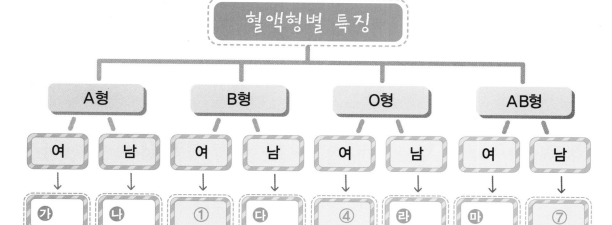

혈액형별 특징

A형		B형		O형		AB형	
여	남	여	남	여	남	여	남
㉮	㉯	①	㉰	④	㉱	㉲	⑦

❸
요약
하기

다음은 위 글의 중심 내용을 요약한 것입니다. ㉮~㉺에 보기의 ①~⑧을 알맞게 넣어 요약 글을 완성해 보세요.

　　우리는 혈액형별로 성격을 판단하고는 한다. A형 여자는 [㉮　　], A형 남자는 [㉯　　]는 특징을 보인다. B형 여자는 행동파이자 기분파이며 B형 남자는 자유 분방하며 즉흥적이다. O형 여자는 모든 일에 신중하고 실수가 적으며, O형 남자는 [㉰　　]는 특징을 볼 수 있다. 그리고 AB형 여자는 [㉱　　], AB형 남자는 [㉲　　]는 것이 특징이다.

다음은 위 글의 제목 후보입니다. 먼저, 위 글의 제목으로 가장 알맞은 것을 골라 빈칸에 ○를 하세요. 그런 다음, 주어진 조건에 맞게 ×, △, □를 표시하세요. (단, ○는 딱 한 개만 고르세요.)

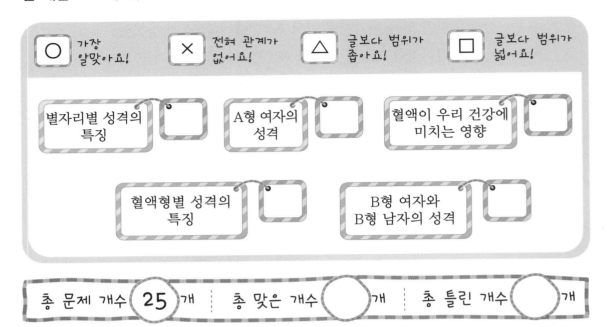

○ 가장 알맞아요! × 전혀 관계가 없어요! △ 글보다 범위가 좁아요! □ 글보다 범위가 넓어요!

별자리별 성격의 특징

A형 여자의 성격

혈액이 우리 건강에 미치는 영향

혈액형별 성격의 특징

B형 여자와 B형 남자의 성격

총 문제 개수 25 개 | 총 맞은 개수 ◯ 개 | 총 틀린 개수 ◯ 개

생각하고 되새기는

습관의 중요성

글을 읽고 나서 오늘 공부를 신나게 시작하자고!

나는 항상 당신과 함께합니다.

나는 당신을 가장 잘 도와주기도 하고 가장 무거운 짐이 되기도 합니다.

나는 모든 위대한 사람들의 하인이고 또한 모든 실패한 사람들의 하인입니다.

나는 기계가 아닙니다. 그러나 전적으로 당신의 명령을 따릅니다.

내가 하는 일의 절반쯤을 당신이 나에게 떠넘긴다면 나는 그 일들을 더 빠르고 정확하게 처리할 수도 있습니다.

나는 항상 당신과 함께합니다. 나를 길들여 주세요.

당신이 나를 엄격하게 대한다면 당신은 세계의 최고가 될 수 있습니다.

나를 너무 쉽게 대하면, 나는 당신을 바보로 만드는지도 몰라요.

나는 누구일까요?

바로 습관입니다.

－〈성공하는 10대들의 7가지 습관〉 중에서

도전 시간	걸린 시간
00 분 30 초	분 초

창의사고력 기초 다지기) 연상추리력 쑥~

다음 빈 자리에 들어갈 모양을 골라 번호를 쓰세요.

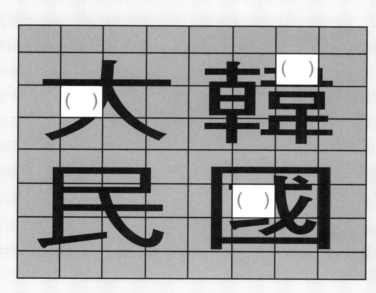

大 : 클(대)

韓 : 나라 이름(한)

民 : 백성(민)

國 : 나라(국)

❶ 　　❷ 　　❸ 　　❹

❺ 　　❻ 　　❼ 　　❽

빠르고 **정확**하게 **읽기**

도전시간

| 5 분 | 00 초 |

걸린시간

| 분 | 초 |

● 오늘의 읽기 자료입니다. 잘 읽고 문제를 풀어 보세요.

우리나라는 만 10년 동안 사형을 집행하지 않았기 때문에 2007년 12월 30일에 '실질적 사형 폐지국'이 되었습니다. 그러나 아직도 사형 제도의 존속*이 옳은 지, 폐지가 옳은지에 대한 논쟁이 끝나지 않고 있습니다.

사형 제도를 존속시켜야 한다고 주장하는 사람들은 '살인범 같은 흉악범은 사형을 시켜야 옳다.', '실제로 사형이 범죄 예방과 억제에 커다란 영향을 미친다.' 고 말합니다. 사형 제도가 없다면 무슨 범죄를 저질러도 목숨은 보장되는 것이기 때문에 범죄자들이 살인을 더 쉽게 저지를 수 있다는 것입니다. 사형 제도가 범죄를 줄이는 데 한몫을 한다는 주장입니다.

반대로 사형 제도를 폐지해야 한다고 주장하는 사람들은 '잘못된 판결이 나올 수도 있다.', '사람이 사람을 심판하는 것은 인도주의*에 어긋난다.' 고 말합니다. 재판관도 사람이기 때문에 실수를 할 수 있습니다. 따라서 잘못된 판결로 사형이 이뤄지면 나중에 판결이 잘못된 것을 깨달아도 잘못을 바로잡을 방법이 전혀 없습니다. 또 인간의 생명은 존귀한 것이므로 국가나 법으로 인간의 생명을 앗아갈 수는 없다는 것이 그들의 주장입니다.

존속(存續) : 어떤 대상이 그대로 있거나 어떤 현상이 계속됨.
인도주의(人道主義) : 인간의 존엄성을 최고의 가치로 여기고 인종, 민족, 국가, 종교 따위의 차이를 초월하여 인류의 안녕과 복지를 꾀하는 것을 이상으로 하는 사상이나 태도

❶ 핵심어 찾기

다음 어휘들이 위 글에서 몇 번씩 나왔는지 개수를 세어 보세요. 많이 등장한 어휘일수록 글의 주제와 가장 관련이 깊은 핵심어입니다.

문제 개수 6개

맞은 개수 〔 〕 개
틀린 개수 〔 〕 개

2007년	범죄 예방	논쟁	인도주의	사형 제도	생명

♥ 다음 보기를 이용해서 ❷~❸번 문제를 풀어 보세요.

보기
① 사형 제도를 존속시키자.　　　　　　② 사형 제도를 폐지하자.
③ 재판에서 잘못된 판결의 가능성을 배제할 수 없다.
④ 흉악범 특히 살인범은 사형 같은 극형으로 대처해야 한다.
⑤ 실제로 사형이 범죄 예방과 억제에 커다란 영향을 미친다.
⑥ 법에 의한 것이라도 사람이 사람을 죽이는 것은 인도주의에 어긋난다.

❷
글의 짜임
그리기

문제 개수 3 개

맞은
개수 　 개

틀린
개수 　 개

다음은 위 글의 내용을 한눈에 볼 수 있도록 정리한 표입니다. 가~다에 보기의 ①~⑥을 알맞게 넣어 표를 완성해 보세요.

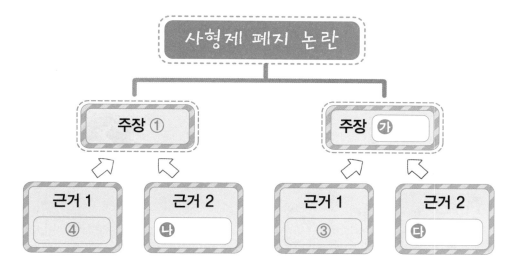

사형제 폐지 논란

주장 ①　　　　　　　　　　주장 가

근거 1　　근거 2　　　　근거 1　　근거 2
④　　　　나　　　　　③　　　　다

❸
요약
하기

다음은 위 글의 중심 내용을 요약한 것입니다. 가~다에 보기의 ①~⑥을 알맞게 넣어 요약 글을 완성해 보세요.

문제 개수 3 개

맞은
개수 　 개

틀린
개수 　 개

지금도 우리나라에서는 사형 제도에 관한 논쟁이 계속되고 있다. 사형 제도를 존속시키자는 입장은 흉악범은 사형 같은 극형으로 대처해야 하며, 가　는 것에 근거를 둔다. 반대로, 사형 제도를 폐지하자는 입장은 나 , 다 는 것에 근거를 둔다.

다음은 위 글의 제목 후보입니다. 먼저, 위 글의 제목으로 가장 알맞은 것을 골라 빈칸에 ○를 하세요. 그런 다음, 주어진 조건에 맞게 ×, △, □를 표시하세요. (단, ○는 딱 한 개만 고르세요.)

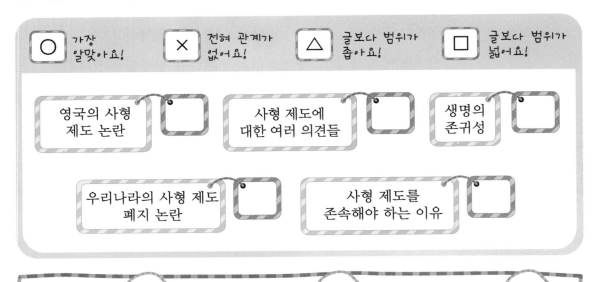

○ 가장 알맞아요! × 전혀 관계가 없어요! △ 글보다 범위가 좁아요! □ 글보다 범위가 넓어요!

영국의 사형 제도 논란 ☐

사형 제도에 대한 여러 의견들 ☐

생명의 존귀성 ☐

우리나라의 사형 제도 폐지 논란 ☐

사형 제도를 존속해야 하는 이유 ☐

총 문제 개수 17 개 | 총 맞은 개수 ◯ 개 | 총 틀린 개수 ◯ 개

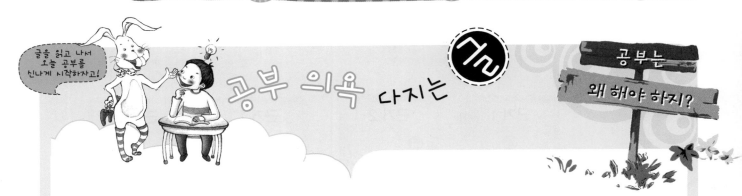

글을 읽고 나서 오늘 공부를 신나게 시작하자고!

공부 의욕 다지는

공부는 왜 해야 하지?

학력평가를 준비하느라 밀린 문제집을 풀면서 '공부를 왜 해야 하지?' 하고 한 번쯤 의문을 가졌던 친구들이 있을 거예요. 사실 공부는 행복해지기 위해서 하는 것이죠. 미래의 직업을 위한 준비이기도 하고, 조금 더 매력적인 사람이 되기 위해서 꼭 필요한 것이 공부지요. 그리고 재미있는 사람이 되기 위해 공부하기도 해요.

공부를 하면 아는 것이 많아지고, 아는 것이 많은 사람은 이야깃거리가 많기 때문에 늘 사람들과 만족스러운 대화를 나눌 수 있지요. 또 자기가 아는 것을 남에게 가르쳐 주는 기쁨을 느낄 수도 있고요.

늘 같은 이야기만 하고 새로울 것이 없는 사람에게는 점점 싫증이 나기 마련이에요. 항상 번뜩이는 재치와 아이디어로 몰랐던 일을 알려 주는 사람, 만날수록 깊이가 느껴지는 사람은 만날수록 매력이 더해 가요. 이렇게 '아는 것'을 늘려 나가는 것은 매력적인 사람이 되기 위한 첫걸음이랍니다.

18 회 머리 풀어주는 퍼즐

도전 시간	걸린 시간
00 분 20 초	분 초

창의사고력 기초 다지기 판단 능력 쑥~

⭕와 🔺 속에는 '가~하'와 '1~13'이 들어 있습니다. '가→1→나
→2→ ……'의 순서대로 찾아 번호를 매기세요.

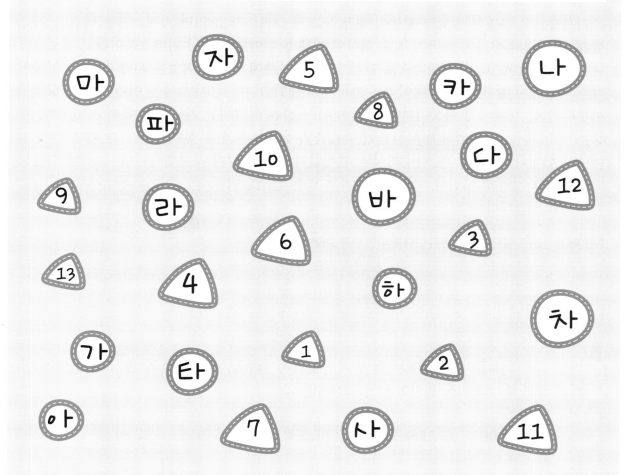

빠르고 정확하게 읽기

● 오늘의 읽기 자료입니다. 잘 읽고 문제를 풀어 보세요.

세계에서 혀가 제일 긴 사람은 누구일까요? 세계에서 제일 비싼 초콜릿은 얼마일까요? 영국의 스티븐 테일로는 9.4㎝로 세계에서 혀가 가장 긴 사람이며, 뉴욕의 세린디피티 카페에 있는 'Rs' 라는 초콜릿은 2천3백만 원으로 세상에서 제일 비싼 초콜릿이랍니다.

이런 신기하고 매혹적인 기록들이 담겨 있는 책이 있다면 정말 즐거운 일이겠지요? 기네스북은 이러한 세계 최고의 기록만을 모아 해마다 발행되고 있는 책으로, 재미있고 진기한 세계 최고 기록들로 가득합니다.

기록광으로 유명한 영국의 쌍둥이 형제 노스와 노리스가 1955년 기네스북을 편집·창간*했습니다. 책의 이름은 영국의 맥주 회사인 기네스의 이름을 따서 기네스북이라고 지었습니다. 오늘날 기네스북은 세계적으로 인기 있는 책 가운데 하나가 되었을 뿐만 아니라, 영국의 각 도서관에서 잘 분실되는 책이라는 기록까지 세웠습니다. 기네스북은 어려운 학문 영역에서부터 일상 생활사에 이르기까지 수천 항목에 걸친 광범위한 기록을 수록하고 있으며, 때로는 이 기록을 깨기 위하여 사람들이 위험을 무릅쓰고 도전을 하다가 사고를 내는 일이 일어나곤 합니다. 그래서 최근 이 회사의 편집인이 경고를 받기도 하였습니다. 그러나 지금도 기네스북의 기록에 도전하려는 사람들의 노력은 끊임없이 이어지고 있습니다.

창간(創刊) : 신문, 잡지 따위의 정기 간행물의 첫 번째 호(號)를 펴냄.

❶
핵심어 찾기

다음 어휘들이 위 글에서 몇 번씩 나왔는지 개수를 세어 보세요. 많이 등장한 어휘일수록 글의 주제와 가장 관련이 깊은 핵심어입니다.

문제 개수 6 개

맞은 개수 ( ) 개

틀린 개수 ( ) 개

초콜릿	기록광	기네스북	맥주 회사	도서관	스티븐 테일로

♥ 다음 보기를 이용해서 ❷~❸번 문제를 풀어 보세요.

보기
① 뉴욕　　　　② 영국　　　　③ 1955년　　　　④ 기네스북
⑤ 스티븐 테일로　　　⑥ 노스와 노리스 형제
⑦ 세린디피티 카페　　⑧ 세계 최고의 기록들을 모아

❷ 글의 짜임 그리기

다음은 위 글의 내용을 한눈에 볼 수 있도록 정리한 표입니다. ㉮~㉲에 보기의 ①~⑧을 알맞게 넣어 표를 완성해 보세요.

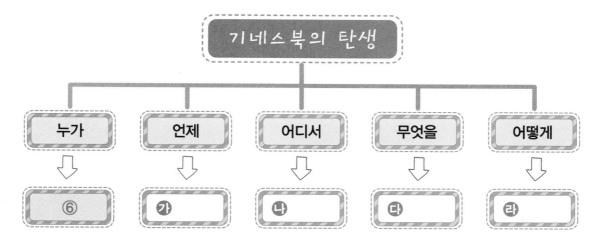

기네스북의 탄생

누가	언제	어디서	무엇을	어떻게
⑥	㉮	㉯	㉰	㉱

❸ 요약 하기

다음은 위 글의 중심 내용을 요약한 것입니다. ㉮, ㉯에 보기의 ①~⑧을 알맞게 넣어 요약 글을 완성해 보세요.

　기네스북은 ㉮ 에 영국의 노스와 노리스 형제가 만들었다. 기네스북은 ㉯ 해마다 발행되고 있으며, 사람들은 기네스북의 기록에 끊임없이 도전하고 있다.

❹ 제목
달기

문제 개수 **5** 개

맞은
개수 ⬡ 개

틀린
개수 ⬡ 개

다음은 위 글의 제목 후보입니다. 먼저, 위 글의 제목으로 가장 알맞은 것을 골라 빈칸에 ○를 하세요. 그런 다음, 주어진 조건에 맞게 ×, △, □를 표시하세요. (단, ○는 딱 한 개만 고르세요.)

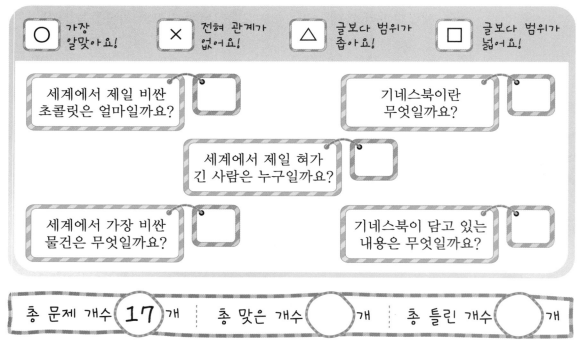

| ○ 가장 알맞아요! | × 전혀 관계가 없어요! | △ 글보다 범위가 좁아요! | □ 글보다 범위가 넓어요! |

세계에서 제일 비싼 초콜릿은 얼마일까요? ☐

기네스북이란 무엇일까요? ☐

세계에서 제일 혀가 긴 사람은 누구일까요? ☐

세계에서 가장 비싼 물건은 무엇일까요? ☐

기네스북이 담고 있는 내용은 무엇일까요? ☐

총 문제 개수 **17** 개 | 총 맞은 개수 ⬡ 개 | 총 틀린 개수 ⬡ 개

글을 읽고 나서 오늘 공부를 신나게 시작하자고!

공부 습관 다지는

신나게 공부할 수는 없을까?

   어떤 친구는 공부만 하려고 하면 졸음이 온다고 해요. 컴퓨터 게임을 할 때는 몇 시간이나 꼼짝 않고 앉아 있으면서도 책만 펴면 자기도 모르게 꾸벅꾸벅 졸고 지루해진다면서요. 이런 친구는 어떻게 하면 조금 더 신나게 공부할 수 있을까요?
   그 해결책은 바로 공부에 이끌려 다니지 않고, 공부의 주인이 되는 데 있습니다. 누구나 자기가 스스로 원하는 일, 그리고 흥미 있는 일에는 지루함을 느끼지 않지요. 공부하는 시간을 내가 원하는 시간으로 만드세요. 내가 하고 싶은 것부터 먼저 시작하세요. 국어가 좋다면 '국어 점수 5점 올리기'를 목표로 정해 보세요. 그 다음엔 두 번째로 좋아하는 과목, 또 그 다음…… 이렇게 좋아하는 것부터 조금씩 양을 늘리다 보면 어느새, 더 새로운 것이 궁금해서 스스로 책을 펴게 될 것입니다.

84

19회 머리 풀어주는 퍼즐

도전 시간	걸린 시간
00 분 20 초	분 초

창의사고력 기초 다지기 정보처리능력 쑥~

다음 중 두 번째로 큰 수를 찾아 동그라미 하세요.

30×7

38

농십사

48.75

39

1004

1070

$\frac{5}{30}$

15×4

천팔십칠

$\frac{1}{25}$

$81 \div 9$

40

258

$45 \div 5$

25.12

천십사

백십칠

85

빠르고 정확하게 읽기

● 오늘의 읽기 자료입니다. 잘 읽고 문제를 풀어 보세요.

아르헨티나는(Argentina)는 남아메리카에서 브라질에 이어 두 번째로 크고 세계에서는 여덟 번째로 큰 나라입니다. 남북으로 긴 모습을 하고 있으며, 서쪽의 안데스 산맥과 남쪽의 애틀랜틱 해(海) 사이에 자리 잡고 있습니다. 아르헨티나의 문화는 탱고(Tango), 마떼(Mate), 아사도(Asado)로 유명합니다.

아르헨티나의 음악을 대표하는 탱고는 이민자들의 고향에 대한 그리움을 달래기 위한 경쾌한 리듬의 춤곡입니다. 탱고는 남녀 한 쌍이 짝이 되어 탱고 곡에 맞추어 추는데, 매우 육감적*이고 낭만적입니다. 탱고는 20세기 초 유럽을 거쳐 전 세계로 퍼지게 되었습니다.

아르헨티나 문화에서 빼놓을 수 없는 또 한 가지는 아르헨티나의 국민 음료인 마떼입니다. 마떼는 북쪽 열대 지역에서 생산되는 차나무의 잎을 말려서 빻은 다음 뜨거운 물에 넣어 마시는 차입니다. 아르헨티나 사람 대부분은 갈증이 날 때나 휴식을 즐길 때 마떼를 마시곤 한답니다.

아사도는 아르헨티나에서 발전한 숯불구이 요리입니다. 아침 늦게 숯을 쌓아 정오 무렵 불을 붙여 한나절 동안 굽는 통고기와 갈빗대 고기가 그것입니다. 양념이 따로 없다는 것이 이색적*인데, 아르헨티나에서 생산한 소금 하나만으로 세계 최고의 맛을 낸다고 합니다.

육감적 : 성적인 느낌을 주는. 또는 그런 것
이색적 : 보통의 것과 색다름. 또는 그런 것이나 곳

❶ 핵심어 찾기

다음 어휘들 중에 위 글에 나온 어휘가 있으면 빈칸에 동그라미 하세요. 동그라미 한 어휘들이 위 글의 주제와 가장 관련이 높은 핵심어입니다.

문제 개수 10개

맞은 개수 ◯ 개
틀린 개수 ◯ 개

아르헨티나	바베큐	아사도	탱고	삼바	코코넛	숯불구이	마떼	왈츠	칠레

♥ 다음 보기를 이용해서 ❷~❸번 문제를 풀어 보세요.

보기
① 마떼(Mate)   ② 탱고(Tango)   ③ 아사도(Asado)
④ 아르헨티나의 국민 음료   ⑤ 아르헨티나에서 발전한 숯불구이 요리
⑥ 이민자들의 고향에 대한 그리움을 달래기 위한 경쾌한 리듬의 춤곡
⑦ 남녀 한 쌍이 짝이 되어 추는 육감적이고 낭만적인 춤

❷
글의 짜임
그리기

다음은 위 글의 내용을 한눈에 볼 수 있도록 정리한 표입니다. ㉮~㉰에 보기의 ①~⑦을 알맞게 넣어 표를 완성해 보세요.

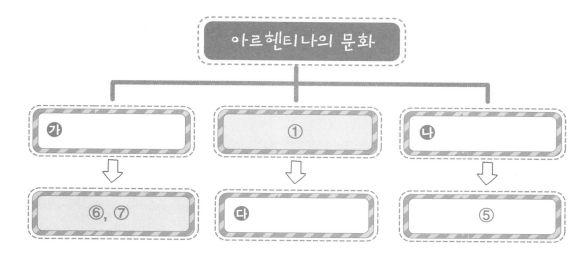

아르헨티나의 문화

㉮	①	㉯
⑥, ⑦	㉰	⑤

❸
요약
하기

다음은 위 글의 중심 내용을 요약한 것입니다. ㉮, ㉯에 보기의 ①~⑦을 알맞게 넣어 요약 글을 완성해 보세요.

아르헨티나의 문화를 대표하는 것으로는 탱고, 마떼, [㉮   ]이/가 있다. 탱고는 [㉯   ](이)다. 마떼는 아르헨티나의 국민 음료이며, 아사도는 아르헨티나에서 발전한 숯불구이 요리이다.

다음은 위 글의 제목 후보입니다. 먼저, 위 글의 제목으로 가장 알맞은 것을 골라 빈칸에 ○를 하세요. 그런 다음, 주어진 조건에 맞게 ×, △, □를 표시하세요. (단, ○는 딱한 개만 고르세요.)

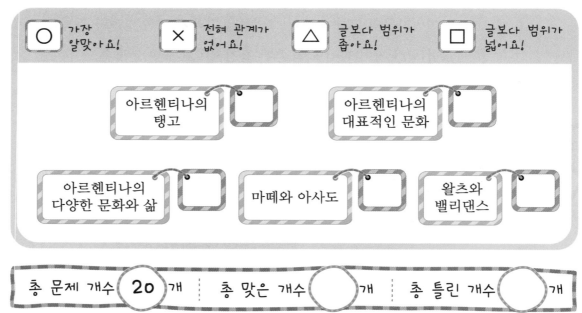

○ 가장 알맞아요!   × 전혀 관계가 없어요!   △ 글보다 범위가 좁아요!   □ 글보다 범위가 넓어요!

아르헨티나의 탱고 ⬜

아르헨티나의 대표적인 문화 ⬜

아르헨티나의 다양한 문화와 삶 ⬜

마떼와 아사도 ⬜

왈츠와 밸리댄스 ⬜

총 문제 개수 20 개 | 총 맞은 개수 ◯ 개 | 총 틀린 개수 ◯ 개

공부 습관 다지는

교과서를 정복하자!

글을 읽고 나서 오늘 공부를 신나게 시작하자고!

수능 시험에서 만점을 받아 대학교에 수석으로 합격하는 선배들의 말을 들으면 약속이나 한 듯 같은 이야기를 합니다. 바로 '교과서'를 위주로 학교 수업 시간에 선생님과 함께 기초와 기본 학습을 충실히 했다는 말이지요. 공부를 잘하고 싶은 친구들은 이 말을 귀담아들을 필요가 있어요.

공부 잘하는 친구들의 공통점은 교과서를 많이 읽는다는 것이에요. 꼭 공부한다는 기분으로 보기보다는 부담 없이 자주 교과서를 들여다보는 것입니다. 보통의 친구들은 수업 시간에 잠깐 교과서를 폈다가 쉬는 시간 종이 울리면 바로 책을 덮곤 하지요. 그리고 시험 때만 되면 밀린 문제집 풀기에 바빠요. 그런데 문제집은 나의 실력을 점검하는 역할을 해요. 그러니 먼저 교과서 속에 들어 있는 내용을 완전히 익힌 후에 나의 실력을 점검하고 보완하는 것이 좋겠지요. 교과서를 먼저 정복해야만 시험이라는 험준한 산을 거뜬히 오를 수 있답니다.

머리 풀어주는  퍼즐

도전 시간
00 분 20 초

걸린 시간
분   초

창의사고력 기초 다지기   계산능력   쑥~

사다리를 타고 내려가면서, 같은 도형 속의 숫자가 나올 수 있도록 +, −, ×를 이용해 빈칸을 채워 보세요.(단, 자연수만 이용합니다.)

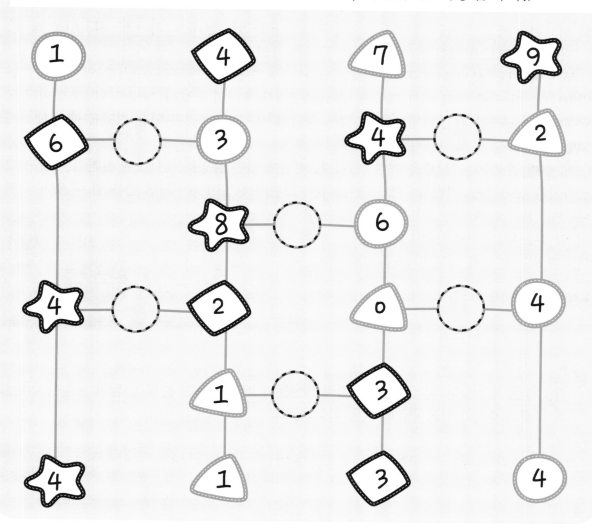

빠르고 정확하게 읽기

도전시간

4 분	20 초

걸린시간

분	초

● **오늘의 읽기 자료입니다. 잘 읽고 문제를 풀어 보세요.**

　　관용어란 둘 이상의 낱말이 결합하여 특별한 의미로 사용되는 관습적인 말입니다. 우리가 쓰는 관용어 중에는 유래담*을 가지고 있는 것들이 있다고 합니다.

　　첫 번째 관용어는 '시치미를 떼다.' 입니다. 고려 시대에는 매 사냥이 매우 유행해서 많은 사람들이 매 사냥을 즐겼다고 합니다. 직접 매를 기르는 사람도 많아서 자신의 매를 잃어버리지 않게 매의 꼬리에 '시치미' 라는 네모꼴의 뿔을 달아 표시를 했습니다. 다른 사람의 매의 시치미를 떼고 자신의 매인 듯이 행동하는 경우도 있었는데, 그리하여 '시치미를 떼다.' 는 자기가 하고도 아니한 체하는 태도를 뜻하게 되었습니다.

　　두 번째 관용어는 '어처구니가 없다.' 입니다. 어처구니는 맷돌을 돌릴 수 있는 손잡이를 말합니다. 어느 날 어떤 이가 어렵게 맷돌을 구해서 돌리려고 보니 '어처구니' 가 없어서 돌릴 수 없었다고 합니다. 그리하여 이 말은 황당하거나 당황스러운 일을 겪었을 때를 뜻하게 되었습니다.

　　세 번째 관용어는 '산통을 깨다.' 입니다. 옛날에 어떤 장님들은 산통에 산가지를 넣고 그 산가지를 뽑아 점을 치면서 돈을 벌었습니다. 그런데 산통이 깨어지면 점을 칠 수 없게 되기 때문에, 산통을 깬다는 말은 바라지 않은 일이 일어나서 잘 되어 가던 어떤 일을 이루지 못하게 되는 경우를 나타내게 되었습니다.

유래담(由來談) : 사물이나 일이 생겨난 바에 대한 이야기

①
핵심어 찾기

다음 어휘들이 위 글에서 몇 번씩 나왔는지 개수를 세어 보세요. 많이 등장한 어휘일수록 글의 주제와 가장 관련이 깊은 핵심어입니다.

문제 개수 6 개

맞은 개수 ◯ 개

틀린 개수 ◯ 개

고려 시대	맷돌	관용어	어처구니	산가지	뿔

♥ 다음 보기를 이용해서 ❷~❸번 문제를 풀어 보세요.

보기
① 산통을 깨다
② 어처구니가 없다
③ 시치미를 떼다
④ 자기가 하고도 아니한 체하는 태도
⑤ 황당하거나 당황스러운 일을 겪었을 때
⑥ 바라지 않은 일 때문에 잘 되던 일을 이루지 못하게 되는 경우

❷
글의 짜임
그리기

다음은 위 글의 내용을 한눈에 볼 수 있도록 정리한 표입니다. 가~라에 보기의 ①~⑥을 알맞게 넣어 표를 완성해 보세요.

문제 개수 4 개

맞은
개수   개

틀린
개수   개

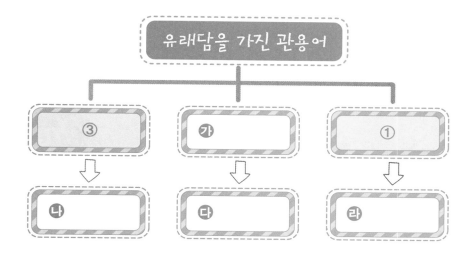

❸
요약
하기

다음은 위 글의 중심 내용을 요약한 것입니다. 가~다에 보기의 ①~⑥을 알맞게 넣어 요약 글을 완성해 보세요.

문제 개수 3 개

맞은
개수   개

틀린
개수   개

관용어란 둘 이상의 낱말이 결합하여 특별한 의미로 사용되는 관습적인 말이다. 유래담을 가진 관용어 중에 '시치미를 떼다.'는 　가　 를 뜻하고, '어처구니가 없다.'는 　나　 를 나타낸다. 그리고 '산통을 깨다.'는 　다　 를 가리킨다.

다음은 위 글의 제목 후보입니다. 먼저, 위 글의 제목으로 가장 알맞은 것을 골라 빈칸에 ○를 하세요. 그런 다음, 주어진 조건에 맞게 ×, △, □를 표시하세요. (단, ○는 딱 한 개만 고르세요.)

문제 개수 5 개

맞은 □ 개
개수

틀린 □ 개
개수

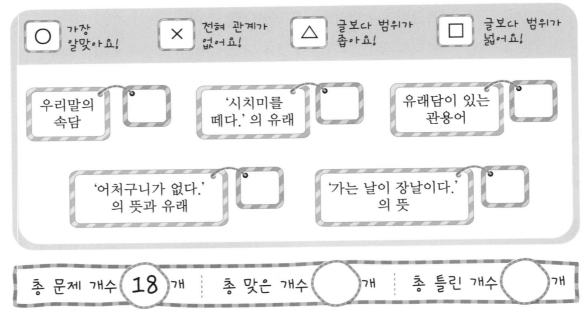

○ 가장 알맞아요! ✕ 전혀 관계가 없어요! △ 글보다 범위가 좁아요! □ 글보다 범위가 넓어요!

우리말의 속담 □

'시치미를 떼다.'의 유래 □

유래담이 있는 관용어 □

'어처구니가 없다.'의 뜻과 유래 □

'가는 날이 장날이다.'의 뜻 □

총 문제 개수 ⟨18⟩ 개 │ 총 맞은 개수 ◯ 개 │ 총 틀린 개수 ◯ 개

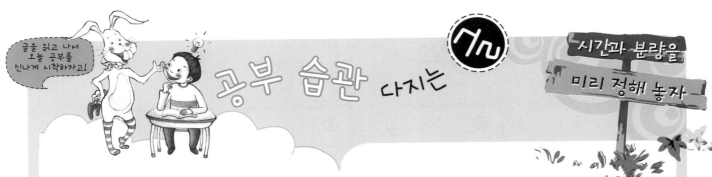

글을 읽고 나서 오늘 공부를 신나게 시작하자고!

공부 습관 다지는 72

시간과 분량을 미리 정해 놓자

　효율적으로 공부하는 또 하나의 방법은 시간과 공부할 양을 미리 정해 놓는 것입니다. 공부는 자기와의 싸움인 동시에 집중력의 다툼이기도 해요. 빠른 시간 안에 공부할 내용을 소화할 수 있는 사람이 진짜 실력 있는 사람이랍니다. 특히 계산을 할 때나 긴 글을 읽을 때는 얼마나 정확하게 문제를 해결하는지도 중요하지만, 얼마나 빨리 문제를 해결하는지도 그에 못지않게 중요하답니다.

　공부할 양을 계획할 때는 미리 시간을 정해 두고 시작해 보세요. '오늘은 어떤 책을 몇 쪽부터 몇 쪽까지 30분 이내로 읽는다.' 라든지 '수학 문제지 한 장을 40분 안에 풀기'와 같은 약속을요. 시간에 맞추려다 보면 산만한 마음도 자연스럽게 정리가 되어 집중력이 높아져요. 이것을 자꾸 반복하다 보면 자신도 모르는 사이에 공부에 집중하는 습관이 길러질 것입니다.

도전 시간	걸린 시간
00 분 10 초	분 초

창의사고력 기초 다지기 주의집중력 쑥~

왼쪽과 오른쪽 그림들을 비교하여, 같은 그림이면 ○, 다른 그림이면 ×를 하세요.

같을까? 다를까?   같을까? 다를까?

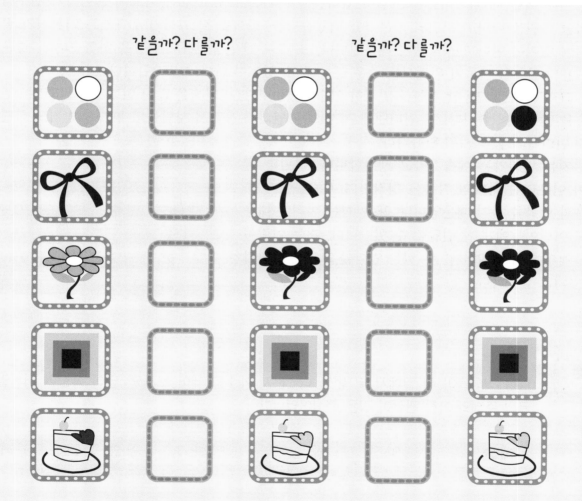

빠르고 **정확**하게 **읽기**

● 오늘의 읽기 자료입니다. 잘 읽고 문제를 풀어 보세요.

　안녕하세요. 저는 무한 초등학교에 다니는 마진준입니다. 저는 평소에 이 학교의 선생님이신 만화가 오노장 선생님을 존경해 왔습니다. 그분의 만화를 처음 봤을 때, 강렬한 그림과 슬프고도 아름다운 이야기에서 매우 깊은 인상을 받았습니다. 그 이후로 저는 꼭 이 학교에 들어가야겠다는 생각을 하게 되었습니다.

　저는 어릴 때부터 미술에 소질이 있다는 이야기를 들었고, 초등학교에 들어가기 전부터 미술 학원을 다니며 그림의 기본기를 배웠습니다. 만화를 잘 그리기 위해서는 기본기가 잘 되어 있어야 한다고 생각했기 때문입니다. 또 교내 백일장에서도 입상을 하였습니다. 좋은 내용의 만화를 만들기 위해서는 좋은 글을 쓸 수 있어야 한다고 생각합니다.

　그리고 저는 그동안 만화를 열심히 연습하였습니다. 만화책을 많이 읽고, 따라 그리는 연습을 많이 하였습니다. 또 인터넷에 제가 그린 만화를 올려서 사람들의 평가를 받기도 하면서 만화가의 꿈을 키워 왔습니다.

　저는 만화가는 예술가라고 생각합니다. 그림과 글이 어우러진 하나의 작품을 창작하여 사람들에게 웃음과 행복을 주기 때문입니다. 또 만화는 어려운 내용도 어린이들에게 잘 전달할 수 있습니다. 저는 어린이들에게 꿈과 희망을 줄 수 있는 만화를 그리는 만화가가 되고 싶습니다.

①
핵심어 찾기

다음 어휘들이 위 글에서 몇 번씩 나왔는지 개수를 세어 보세요. 많이 등장한 어휘일수록 글의 주제와 가장 관련이 깊은 핵심어입니다.

문제 개수 6 개

맞은 개수 　　개

틀린 개수 　　개

예술가	백일장	좋은 글	만화가	미술 학원	인터넷

♥ 다음 보기 를 이용해서 ❷~❸번 문제를 풀어 보세요.

보기
① 어릴 때부터 미술에 소질이 있다는 이야기를 들었습니다.
② 많은 만화책을 읽고, 따라 그리는 연습을 많이 했습니다.
③ 교내 백일장에서도 입상했습니다.
④ 이 학교의 선생님이신 만화가 오노장 선생님을 존경합니다.
⑤ 인터넷에 제가 그린 만화를 올려서 사람들의 평가를 받기도 했습니다.
⑥ 어린이들에게 꿈과 희망을 줄 수 있는 만화를 그리는 만화가가 되고 싶습니다.

❷
글의 짜임
그리기

다음은 위 글의 내용을 한눈에 볼 수 있도록 정리한 표입니다. 가~라에 〈보기〉의 ①~⑥을 알맞게 넣어 표를 완성해 보세요.

문제 개수 4 개

맞은
개수   개

틀린
개수   개

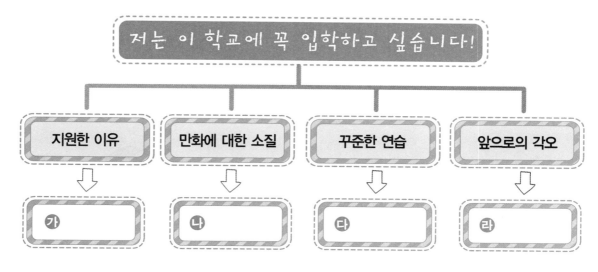

❸
요약
하기

다음은 위 글의 중심 내용을 요약한 것입니다. 가, 나에 보기 의 ①~⑥을 알맞게 넣어 요약 글을 완성해 보세요.

문제 개수 2 개

맞은
개수   개

틀린
개수   개

저는 [가] . 그래서 이 학교에 지원하게 되었습니다. 저는 어려서부터 미술에

소질이 있다는 이야기를 들었고, 미술 학원을 다니며 그림의 기본기를 다졌으며 백

일장에서도 입상하였습니다. 만화를 많이 읽고, 따라 그리고, 또 직접 그린 만화를

인터넷에 올려 사람들의 평가를 받기도 하였습니다. 저는 앞으로 [나] .

문제 개수 5 개

맞은
개수 ( ) 개

틀린
개수 ( ) 개

다음은 위 글의 제목 후보입니다. 먼저, 위 글의 제목으로 가장 알맞은 것을 골라 빈칸에 ○를 하세요. 그런 다음, 주어진 조건에 맞게 ×, △, □를 표시하세요. (단, ○는 딱 한 개만 고르세요.)

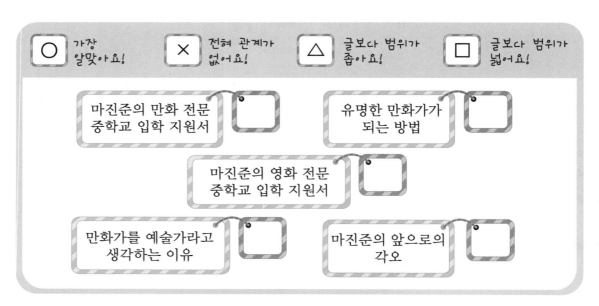

○ 가장 알맞아요!   × 전혀 관계가 없어요!   △ 글보다 범위가 좁아요!   □ 글보다 범위가 넓어요!

마진준의 만화 전문 중학교 입학 지원서 [ ]

유명한 만화가가 되는 방법 [ ]

마진준의 영화 전문 중학교 입학 지원서 [ ]

만화가를 예술가라고 생각하는 이유 [ ]

마진준의 앞으로의 각오 [ ]

총 문제 개수 (17) 개   총 맞은 개수 ( ) 개   총 틀린 개수 ( ) 개

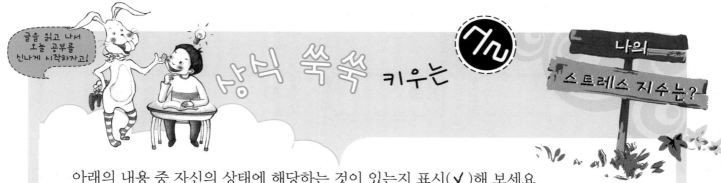

상식 쑥쑥 키우는

글을 읽고 나서 오늘 공부를 신나게 시작하자고!

나의 스트레스 지수는?

아래의 내용 중 자신의 상태에 해당하는 것이 있는지 표시(✓)해 보세요.

☐ 매사에 의욕이 없고 축 처진 기분이 든다.
☐ 이유 없이 몸의 이곳저곳이 아픈 느낌이 든다.
☐ 친구들과 함께 노는 것이 귀찮고 짜증이 난다.
☐ 부모님의 말씀이 잔소리처럼 느껴져서 화가 난다.
☐ 아주 기분이 좋았다가 갑자기 우울해질 때가 있다.

해당하는 것이 0~1개라면 여러분은 지금 지극히 정상적인 상태입니다. 2~3개라면 가벼운 스트레스를, 4개 이상에 해당하면 조금 심각한 스트레스를 받고 있다고 할 수 있어요. 가벼운 스트레스는 생활에 오히려 도움을 주지만 스트레스가 심하면 정신과 신체 건강 모두에 적신호가 된답니다.

96

공부를 시작할 때도
준비운동이 필요하다고!
하나둘 하나둘

머리 풀어주는  퍼 즐

창의사고력 기초 다지기 　연상추리력 　쏙~

어떤 도면을 이용하면 보기의 주사위 모양이 나올지 ❶~❸에서 골라 보세요.

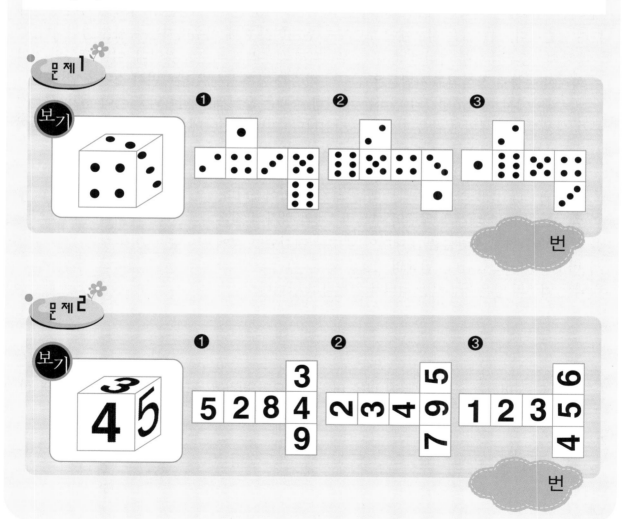

문제1

보기 　❶ 　❷ 　❸

번

문제2

보기 　❶ 　❷ 　❸

번

도전시간

| 4 분 | 30 초 |

걸린시간

| 분 | 초 |

● 오늘의 읽기 자료입니다. 잘 읽고 문제를 풀어 보세요.

많은 사람들이 한 자리에 모여 즐거움을 나누는 축제! 스페인의 토마토 축제, 홍콩의 등불 카니발 축제, 노르웨이의 바이킹 축제, 독일 뮌헨의 맥주 축제 등 지금도 세계 곳곳에서는 즐거운 축제가 벌어지고 있답니다.

스페인에서는 매년 8월의 마지막 주 수요일에 토마토 축제가 벌어집니다. 이날 12시 정각이 되면 거리에는 커다란 대포 소리가 울려 퍼지고 100만 개가 넘는 토마토를 거리 중앙에 뿌려 놓습니다. 사람들은 서로에게 토마토를 던지면서 한데 어우러지는 축제를 즐깁니다.

홍콩의 '중추절 등불 카니발 축제'는 우리나라의 추석과 비슷한 것인데, 이날 홍콩의 거리는 화려한 등불로 장식되고 사람들은 친구나 가족과 함께 등불을 밝히면서 소원을 빕니다.

노르웨이에서 매년 5월 7일 열리는 바이킹 축제는 노르웨이 민족의 독립이 선포되고 정부가 성공적으로 세워진 날을 기념하는 것입니다. 이날은 전국에서 모여든 수많은 아이들이 자신들의 학교의 교기를 들고 행진하는 풍경이 펼쳐집니다.

독일의 뮌헨에서는 9월 중순부터 10월 초까지 '10월 축제 (October Festival)'라고 불리는 맥주 축제가 벌어집니다. 이 축제는 1810년 테레즈 공주와 루드빅 1세의 왕자의 결혼을 축하하기 위해 사람들을 초대하여 맥주를 대접했던 것에서 비롯하였다고 합니다. 뮌헨의 '10월 축제' 기간 동안 소비되는 맥주의 양은 약 5백만 리터가 넘는다고 합니다.

① 핵심어 찾기

다음 어휘들 중에 위 글에 나온 어휘가 있으면 빈칸에 동그라미 하세요. 동그라미 한 어휘들이 위 글의 주제와 가장 관련이 높은 핵심어입니다.

문제 개수 8 개

맞은 개수 ⬚ 개

틀린 개수 ⬚ 개

토마토 축제	월드컵	10월 축제	바이킹 축제	명절	등불 카니발 축제	석가 탄신일	크리스 마스

♥ 다음 보기를 이용해서 ❷~❸번 문제를 풀어 보세요.

보기
① 독일의 10월 축제　　　　　　② 스페인의 토마토 축제
③ 노르웨이의 바이킹 축제　　　　④ 홍콩의 중추절 등불 카니발 축제
⑤ 서로에게 토마토를 던지면서 한데 어우러짐.
⑥ 축제 기간 동안 소비되는 맥주의 양이 약 5백만 리터가 넘는다고 함.
⑦ 거리가 등불로 장식되고 친구나 가족과 함께 등불을 밝히면서 소원을 빎.
⑧ 노르웨이 민족의 독립이 선포되고 정부가 성공적으로 세워진 날을 기념함.

❷
글의 짜임
그리기

문제 개수 4 개

맞은
개수 ◯ 개

틀린
개수 ◯ 개

다음은 위 글의 내용을 한눈에 볼 수 있도록 정리한 표입니다. ㉮~㉱에 보기의 ①~⑧을 알맞게 넣어 표를 완성해 보세요.

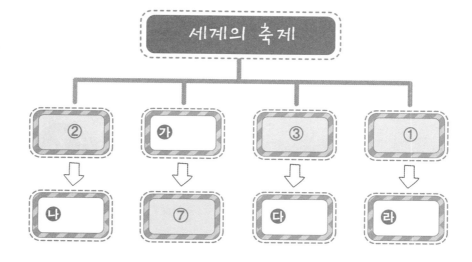

❸
요약
하기

문제 개수 3 개

맞은
개수 ◯ 개

틀린
개수 ◯ 개

다음은 위 글의 중심 내용을 요약한 것입니다. ㉮~㉲에 보기의 ①~⑧을 알맞게 넣어 요약 글을 완성해 보세요.

　세계 곳곳에서 벌어지는 축제 중 ㉮ 는 서로에게 토마토를 던지면서 한데 어우러지는 축제이고, ㉯ 는 거리가 등불로 장식되고 친구나 가족과 함께 등불을 밝히며 소원을 비는 축제이다. 노르웨이의 바이킹 축제는 노르웨이 민족의 독립이 선포되고 정부가 성공적으로 세워진 날을 기념하는 것이고, ㉲ 기간에는 약 5백만 리터의 맥주가 소비된다고 한다.

④ 제목 달기

문제 개수 5 개

맞은 개수 ◯ 개

틀린 개수 ◯ 개

다음은 위 글의 제목 후보입니다. 먼저, 위 글의 제목으로 가장 알맞은 것을 골라 빈칸에 ◯를 하세요. 그런 다음, 주어진 조건에 맞게 ×, △, □를 표시하세요. (단, ◯는 딱 한 개만 고르세요.)

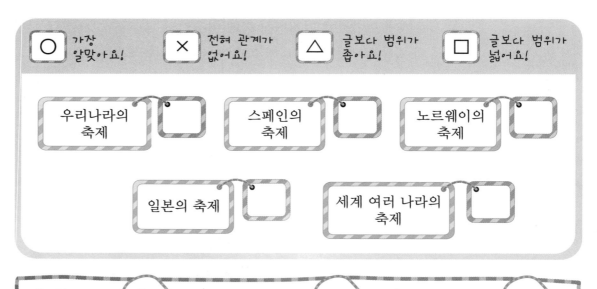

◯ 가장 알맞아요!   × 전혀 관계가 없어요!   △ 글보다 범위가 좁아요!   □ 글보다 범위가 넓어요!

우리나라의 축제 ☐   스페인의 축제 ☐   노르웨이의 축제 ☐

일본의 축제 ☐   세계 여러 나라의 축제 ☐

총 문제 개수 **20** 개 | 총 맞은 개수 ◯ 개 | 총 틀린 개수 ◯ 개

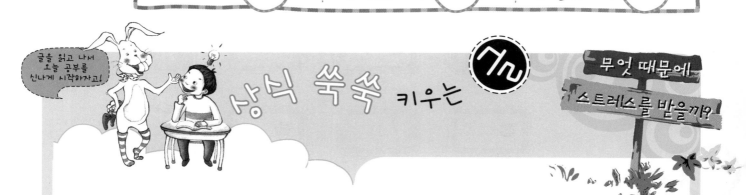

상식 쑥쑥 키우는

글을 읽고 나서 오늘 공부를 신나게 시작하자고!

무엇 때문에 스트레스를 받을까?

흔히 어른들은 어린이들이 무슨 일로 스트레스를 받느냐고 말하지만 그것은 옳지 않은 생각입니다. 어린이들도 누구 못지않게 정신적으로 힘든 상황에 놓여 있을 때가 많고 극심한 스트레스로 고민하는 친구들이 의외로 많답니다. 스트레스란 외부 또는 내부적 요인에 의해 스스로 겪게 되는 심리적 '압박'을 말하지요. 스트레스는 그 원인을 찾아야 해답을 얻을 수 있습니다.

어린이들에게 가장 스트레스가 되는 것은 가정이 화목하지 못한 것이래요. 부모님께서 다투실 때 심한 불안과 공포를 느낀다는 것이지요. 또 학습에 대한 지나친 강요나 부모님의 압박, 친구들과의 경쟁도 스트레스의 원인이 되지요. 친구 간의 다툼이나 따돌림 등 친구 문제로 스트레스를 받는 친구도 의외로 많아요. 일시적인 스트레스는 괜찮지만 스트레스가 오래 지속되면 성장과 발달에 큰 영향을 주게 되니 항상 조심해야 합니다.

머리 풀어주는 퍼즐

창의사고력 기초 다지기 판단능력 쑥~

◎ ● ◉ ⊙ ◯ 가 보기 와 같이 ⊥ 모양 안에 한 번씩만 들어가도록 묶어 보세요.

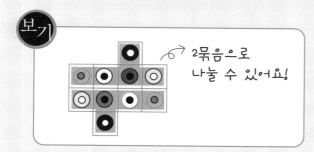

보기

2묶음으로 나눌 수 있어요!

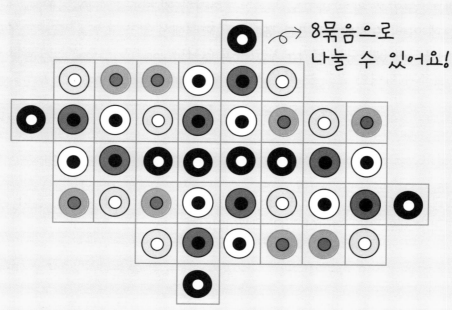

8묶음으로 나눌 수 있어요!

속독   정독

● 오늘의 읽기 자료입니다. 잘 읽고 문제를 풀어 보세요.

'음악과 놀자' 청취자 여러분 안녕하세요? 오늘은 '왈츠'에 대해서 소개하려 합니다. 왈츠(waltz)는 4분의 3박자로 연주되는 경쾌한 춤곡 혹은 이 곡에 맞추어 추는 춤을 말합니다. 왈츠라는 이름은 대개 독일어의 'waltzen(구르다, 돌다)'에서 온 것으로 보고 있으나 프랑스의 프로방스 지방의 옛 춤인 볼타(volta)에서 비롯되었다는 이야기도 있답니다.

왈츠는 첫 박자는 강하게, 두 번째 세 번째 박자는 약하게 연주되는 반주에 맞추어 추는데, 다리는 굽히지 않고 발꿈치만 들었다 내렸다 하며 춥니다. 빙글빙글 돌아가며 추는 왈츠의 모습은 마치 물결이 흐르는 모양처럼 우아하고 아름답습니다.

왈츠의 아름다움에 반한 유명한 음악가들은 많은 왈츠 곡들을 작곡하게 되는데, 오늘은 그 중에서도 쇼팽의 강아지 왈츠와 고양이 왈츠를 소개하려고 합니다. 먼저, 강아지 왈츠는 쇼팽이 작곡한 통통 튀는 느낌의 곡입니다. 쇼팽은 강아지가 제 꼬리를 물려고 빙글빙글 도는 모습을 보고 이 곡을 만들었는데 연주 시간이 1분밖에 되지 않아 '1분간 왈츠'라고도 한답니다. 쇼팽은 '고양이 왈츠'라고도 부르는 '화려한 왈츠'도 작곡하였는데 이 곡은 지나치리만큼 경쾌하고 화려해서 왈츠 곡으로는 어울리지 않는다는 평가도 받았다고 합니다. 자, 그럼 강아지 왈츠와 화려한 왈츠 두 곡을 보내 드리겠습니다.

❶ 핵심어 찾기

다음 어휘들이 위 글에서 몇 번씩 나왔는지 개수를 세어 보세요. 많이 등장한 어휘일수록 글의 주제와 가장 관련이 깊은 핵심어입니다.

문제 개수 6 개

맞은 개수 ⬚ 개
틀린 개수 ⬚ 개

쇼팽	빙글빙글	물결	왈츠	4분의 3박자	강아지

♥ 다음 보기를 이용해서 ❷~❸번 문제를 풀어 보세요.

보기
① 왈츠 곡
② 왈츠를 추는 모양
③ 왈츠의 이름의 유래
④ 강아지 왈츠와 고양이 왈츠
⑤ 독일어의 waltzen(구르다, 돌다)
⑥ 프랑스 프로방스의 옛 춤 볼타(volta)
⑦ 물결이 흐르는 것처럼 우아하고 아름다움

❷ 글의 짜임 그리기

문제 개수 4 개

맞은 개수   개

틀린 개수   개

다음은 위 글의 내용을 한눈에 볼 수 있도록 정리한 표입니다. ㉮~㉱에 보기의 ①~⑦을 알맞게 넣어 표를 완성해 보세요.

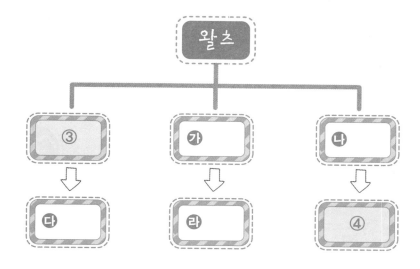

❸ 요약 하기

문제 개수 2 개

맞은 개수   개

틀린 개수   개

다음은 위 글의 중심 내용을 요약한 것입니다. ㉮, ㉯에 보기의 ①~⑦을 알맞게 넣어 요약 글을 완성해 보세요.

왈츠(waltz)는 4분의 3박자로 연주되는 경쾌한 춤곡 혹은 이 곡에 맞추어 추는 춤이다. 왈츠라는 이름은 독일어의 waltzen이나 프로방스의 옛 춤 볼타에서 비롯된 것으로 보이며, 왈츠를 추는 모습에서는 ㉮ 이/가 느껴진다. 왈츠의 아름다움에 반한 유명한 음악가들은 많은 왈츠 곡들을 작곡하였는데 그 중 쇼팽은 ㉯ 을/를 작곡하였다.

문제 개수 5 개

맞은 개수 ⬚ 개

틀린 개수 ⬚ 개

다음은 위 글의 제목 후보입니다. 먼저, 위 글의 제목으로 가장 알맞은 것을 골라 빈칸에 ○를 하세요. 그런 다음, 주어진 조건에 맞게 ×, △, ▢를 표시하세요. (단, ○는 딱 한 개만 고르세요.)

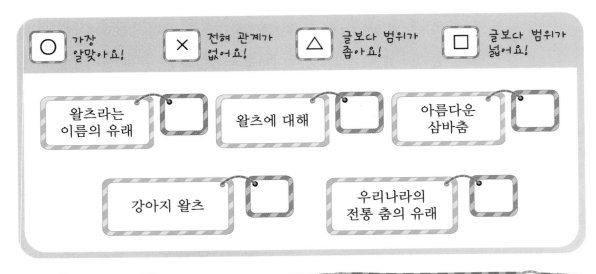

| ○ 가장 알맞아요! | × 전혀 관계가 없어요! | △ 글보다 범위가 좁아요! | ▢ 글보다 범위가 넓어요! |

왈츠라는 이름의 유래 ⬚

왈츠에 대해 ⬚

아름다운 삼바춤 ⬚

강아지 왈츠 ⬚

우리나라의 전통 춤의 유래 ⬚

총 문제 개수 ⟨17⟩ 개 : 총 맞은 개수 ◯ 개 : 총 틀린 개수 ◯ 개

글을 읽고 나서 오늘 공부를 신나게 시작하자고!

좋은 습관 다지는 7주

스트레스는 마음의 감기

스트레스는 마음의 감기라고 할 수 있어요. 감기는 흔히 걸리기 쉬운 병이지만 자칫 오래 두면 몸을 상하게 하는 큰 병으로 발전할 수도 있지요. 스트레스도 마찬가지예요. 그래서 마음이 조금 불편해지면 더 깊어지지 않도록 바로 불안감을 없애고 마음의 평정을 찾는 것이 참 중요해요.

사소한 일로 자꾸 신경을 쓰고 자기 마음에 들지 않는다고 짜증을 내기 시작하면 그것이 습관이 되어 별 것이 아닌 일에도 자꾸 화가 나기 마련이에요. 스트레스를 줄이기 위한 가장 좋은 방법은 바로 '편안하게 마음먹기'예요. 화가 날 때는 속으로 하나, 둘, 셋을 세어 보세요. 그리고 숨을 깊게 들이쉰 후 다시 시도해 보세요. 잠깐의 휴식이 여러분을 한결 편안하게 만들어 줄 것입니다.

24회  머리 풀어주는 퍼즐

도전 시간
00 분 45 초

걸린 시간 ⑦
분 초

창의사고력 기초 다지기 · 정보처리능력 · 쑥~

다음 그림에서 보기와 같은 그림 모음을 찾아 동그라미로 묶어 보세요.

105

도전시간

4 분 50 초

걸린시간

분 초

● 오늘의 읽기 자료입니다. 잘 읽고 문제를 풀어 보세요.

오늘 여러분께 소개할 위인은 바다의 왕자 '장보고' 입니다. 장보고는 신라 사람으로, 신라가 무역* 활동을 마음놓고 할 수 있도록 해적들을 무찌른 장군이자 해상 무역가인데요, 어떠한 일이 있었던 것인지 자세하게 알아 볼까요?

어려서부터 장보고는 무예*에 관심이 많고 물에 익숙했으며, 당나라로 건너가 장군이 되었습니다. 그러던 어느 날 해적들이 신라의 무역선을 빼앗고 신라 사람들을 노예로 팔아넘기는 것을 보고, 같은 민족이 그와 같은 피해를 당하는 것에 마음 아파했습니다. 장보고는 바로 신라로 돌아와서 해결책을 마련하기로 했습니다. 장보고는 임금에게 신라 사람들의 상황을 사실대로 보고하였고 대책을 마련하고자 하였습니다. 임금은 장보고의 뜻을 받아들여 군사 1만 명을 내주었습니다. 장보고는 청해진(지금의 전라남도 완도)에 성을 쌓고 군사들을 준비시켰습니다. 해적들은 장보고에게 줄줄이 혼쭐이 났고 장보고의 이름만 듣고도 신라의 배들을 공격하지 않을 정도로 장보고를 두려워했습니다. 이후 해적들은 완전히 자취를 감추었고, 신라와 당나라, 일본의 배들은 마음놓고 무역을 할 수 있었습니다. 신라의 무역 활동은 장보고의 보호 아래 활기를 되찾았습니다.

무역(貿易) : 지방과 지방 사이, 나라와 나라 사이에 서로 물건을 팔고 사거나 교환하는 일
무예 : 무술을 통틀어 이르는 말

❶ 핵심어 찾기

다음 어휘들이 위 글에서 몇 번씩 나왔는지 개수를 세어 보세요. 많이 등장한 어휘일수록 글의 주제와 가장 관련이 깊은 핵심어입니다.

문제 개수 6 개

맞은 개수 ⬜ 개

틀린 개수 ⬜ 개

해상 무역가	신라	일본	장군	장보고	당나라

♥ 다음 보기 를 이용해서 ❷~❸번 문제를 풀어 보세요.

보기
① 장보고   ② 신라 시대   ③ 신라의 청해진
④ 일본의 무역선을 공격했다.
⑤ 같은 민족이 피해를 당하는 것을 알고 가슴이 아팠다.
⑥ 해적들이 신라 무역선을 빼앗고 신라인들을 노예로 팔아넘기는 것을 보았다.
⑦ 신라 무역선을 괴롭히는 해적들을 물리치고 무역 활동의 활기를 되찾았다.

❷
글의 짜임
그리기

문제 개수 3 개

맞은
개수   개

틀린
개수   개

다음은 위 글의 내용을 한눈에 볼 수 있도록 정리한 표입니다. ㉮~㉰에 보기 의 ①~⑦을 알맞게 넣어 표를 완성해 보세요.

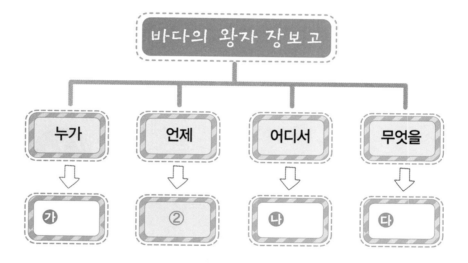

바다의 왕자 장보고

누가	언제	어디서	무엇을
㉮	②	㉯	㉰

❸
요약
하기

문제 개수 2 개

맞은
개수   개

틀린
개수   개

다음은 위 글의 중심 내용을 요약한 것입니다. ㉮, ㉯에 보기 의 ①~⑦을 알맞게 넣어 요약 글을 완성해 보세요.

　장보고는 어느 날 [㉮]. 장보고는 같은 민족이 피해를 당하는 것을 알고 가슴이 아팠다. 장보고는 임금에게 이 사실을 보고하였고, 군사를 지원받아 청해진에 성을 쌓고 군사들을 준비시켜 해적들을 무찔렀다. 신라는 마침내 [㉯].

④ 제목
달기

문제 개수 5 개

맞은 개 개수

틀린 개수 개

다음은 위 글의 제목 후보입니다. 먼저, 위 글의 제목으로 가장 알맞은 것을 골라 빈칸에 ○를 하세요. 그런 다음, 주어진 조건에 맞게 ×, △, □를 표시하세요. (단, ○는 딱 한 개만 고르세요.)

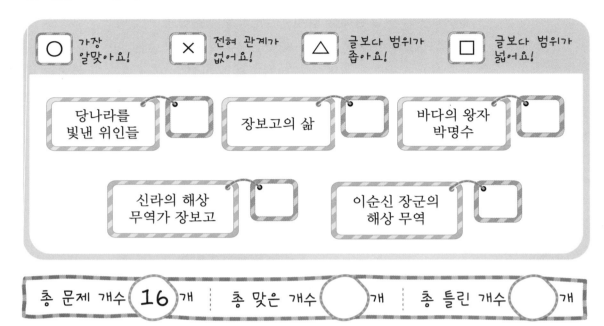

○ 가장 알맞아요!　× 전혀 관계가 없어요!　△ 글보다 범위가 좁아요!　□ 글보다 범위가 넓어요!

당나라를 빛낸 위인들

장보고의 삶

바다의 왕자 박명수

신라의 해상 무역가 장보고

이순신 장군의 해상 무역

총 문제 개수 16 개　총 맞은 개수 개　총 틀린 개수 개

좋은 습관 다지는

스트레스엔 먹는 게 최고?

글을 읽고 나서 오늘 공부를 신나게 시작하자고!

스트레스엔 역시 먹는 것이 최고라며 마구 먹는 친구가 있나요? 앗, 그러면 참 위험해요. 스트레스를 먹는 것으로 푸는 사람은 비만으로 이어질 우려가 있거든요. 하지만 또 먹는 것만큼 스트레스 해소에 좋은 방법도 없겠지요? 좋은 음식을 잘 먹으면 스트레스가 반으로 줄어드니까요.

스트레스를 받을 때는 오히려 식사를 가볍게 해 보세요. 스트레스를 받으면 위장 기능이 약해져서 소화가 잘 안 됩니다. 고소한 잣죽이나 굴죽, 치킨 스프 같은 편안한 음식으로 속을 달래는 것이 좋아요. 향이 좋은 귤차나 자스민차를 한 잔 마시며 좋아하는 음악에 귀를 기울이는 것도 좋구요. 마음을 고요하게 만들어 주는 라벤더 등의 허브 향기를 맡거나 가볍게 샤워만 해도 기분이 한결 좋아진답니다.

108

25회

머리 풀어주는 퍼즐

도전 시간	걸린 시간
00 분 20 초	분 초

창의사고력 기초 다지기 › 계산능력 쑥~

사다리를 타고 내려가면서, 같은 도형 속의 숫자가 나올 수 있도록 +, −, ×, ÷를 이용해 빈칸을 채워 보세요.(단, 자연수만 이용합니다.)

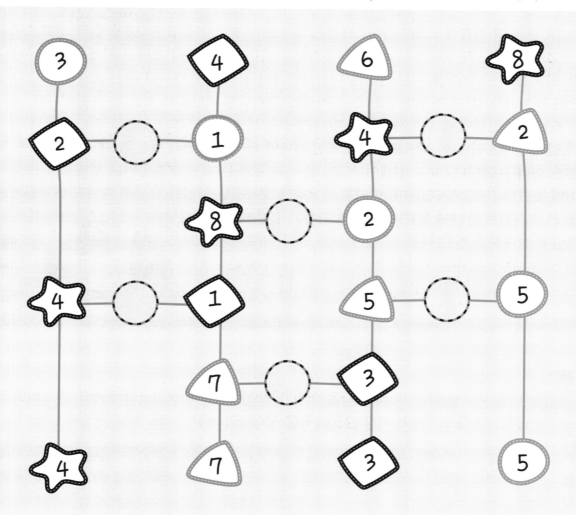

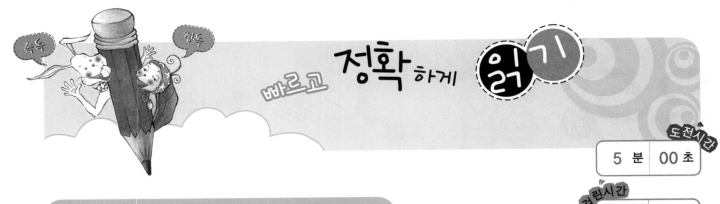
걸린시간

| | 분 | | 초 |

● 오늘의 읽기 자료입니다. 잘 읽고 문제를 풀어 보세요.

　　옛날에는 신분과 지위에 따라 옷의 색깔이나 모양이 달랐습니다. 또한 경축일이나 평상시 등, 때에 따라서도 입는 옷이 달랐습니다. 그래서 우리나라 지폐에 그려져 있는 위인들은 저마다 다른 옷을 입고 있습니다.

　　만 원권 지폐에 그려진 세종대왕은 '곤룡포'를 입은 근엄한 모습입니다. 곤룡포는 왕이 나랏일을 볼 때나 행사를 치를 때 입는 두루마기 모양의 웃옷으로 '용포'라고도 부른답니다. 오천 원권 지폐에 그려진 율곡 선생은 사대부가 평상시에 입는 '대창의'를 입고 있습니다. 소매가 넓고 두 곳에 트임이 있는 옷입니다. 천 원권 지폐에 그려진 퇴계 선생은 '심의'를 입은 소박한 모습입니다. 심의는 벼슬자리에서 물러나 한가로이 사는 학자들이 즐겨 입었다고 합니다. 흰색 천으로 만들고 옷 가장자리에 검정 비단으로 선을 두른 옷입니다.

　　옛날에는 신분에 따라 모자 모양도 달랐습니다. 세종대왕이 쓰고 있는 모자는 뒤쪽에 두 개의 뿔이 날개처럼 솟아오른 모양으로 조선 시대에 왕이 신하들과 일을 할 때 주로 썼으며 '익선관'이라 부릅니다. 율곡 선생이 쓰고 있는 '정자관'은 서당의 훈장이나 양반들이 보통 때 집에서 즐겨 쓰던 모자입니다. 예의를 중요하게 생각했던 양반들은 보통 때에도 번거롭게 갓을 쓰고 사람을 만나야 했습니다. 퇴계 선생은 검정 헝겊으로 둥글고 삐죽하게 만든 다음 양 옆에 끈을 달아 뒤로 매게 되어 있는 '복건'이라는 모자를 쓰고 있습니다. '복건'은 조선 시대 유학을 공부하는 유생들의 신분을 나타내는 것입니다.

①
핵심어
찾기

다음 어휘들 중에 위 글에 나온 어휘가 있으면 빈칸에 동그라미 하세요. 동그라미 한 어휘들이 위 글의 주제와 가장 관련이 높은 핵심어입니다.

문제 개수 10개

맞은 개수 　 개

틀린 개수 　 개

세종 대왕	흥선 대원군	익선관	정자관	마고자	진흥왕	복건	베옷	심의	곤룡포

♥ 다음 보기 를 이용해서 ❷~❸번 문제를 풀어 보세요.

보기
① 복건　② 심의　③ 곤룡포　④ 대창의　⑤ 익선관　⑥ 정자관
⑦ 사대부가 평상시에 입는 옷
⑧ 조선 시대에 왕이 신하들과 일을 할 때 주로 쓰던 모자
⑨ 벼슬자리에서 물러나 한가로이 사는 학자들이 즐겨 입었던 옷
⑩ 조선 시대 유학을 공부하는 유생들의 신분을 나타내는 모자
⑪ 사당의 훈장이나 양반들이 보통 때 집에서 즐겨 쓰던 모자
⑫ 왕이 나랏일을 볼 때나 행사를 치를 때 입는 두루마기 모양의 웃옷

❷ 글의 짜임 그리기

다음은 위 글의 내용을 한눈에 볼 수 있도록 정리한 표입니다. ㉮~㉺에 보기 의 ①~⑫를 알맞게 넣어 표를 완성해 보세요.

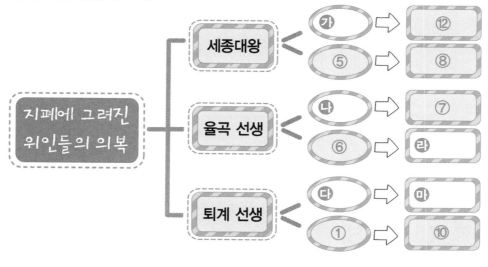

❸ 요약 하기

다음은 위 글의 중심 내용을 요약한 것입니다. ㉮~㉟에 보기 의 ①~⑫를 알맞게 넣어 요약 글을 완성해 보세요.

　　우리나라 지폐에 그려진 위인들은 저마다 다른 의복을 갖추고 있는데, 이는 옛날에는 신분과 지위에 따라 옷과 모자의 모양과 색깔 등이 달랐기 때문이다. 만원권의 세종대왕은 ㉮ 을/를 쓰고, ㉯ 을/를 입고 있으며 오천원권의 율곡 선생은 ㉰ 을/를 쓰고 ㉱ 을/를 입고 있다. 그리고 천원권의 퇴계 선생은 ㉲ 을/를 쓰고, ㉳ 을/를 입고 있는 모습이다.

다음은 위 글의 제목 후보입니다. 먼저, 위 글의 제목으로 가장 알맞은 것을 골라 빈칸에 ○를 하세요. 그런 다음, 주어진 조건에 맞게 ×, △, □를 표시하세요. (단, ○는 딱 한 개만 고르세요.)

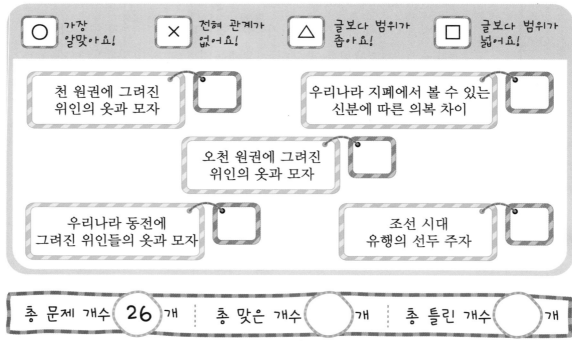

○ 가장 알맞아요!　×전혀 관계가 없어요!　△글보다 범위가 좁아요!　□글보다 범위가 넓어요!

천 원권에 그려진 위인의 옷과 모자

우리나라 지폐에서 볼 수 있는 신분에 따른 의복 차이

오천 원권에 그려진 위인의 옷과 모자

우리나라 동전에 그려진 위인들의 옷과 모자

조선 시대 유행의 선두 주자

총 문제 개수 26 개 ｜ 총 맞은 개수 ◯ 개 ｜ 총 틀린 개수 ◯ 개

글을 읽고 나서 오늘 공부를 신나게 시작하자고!

좋은 습관 다지는

명상을 통해 나와 대화하기

　아무리 좋은 스트레스 해소 방법도 자꾸 늘어가는 스트레스에 대한 완벽한 해결책은 되지 못하겠지요. 근원적인 해결책은 바로 내 안에 있는 나 자신과 끊임없는 대화를 통해서 스트레스 자체를 줄이는 것이랍니다.

　매일 자기 전 하루에 5분씩, 조용히 눈을 감고 머릿속을 비워 보세요. 바흐의 무반주 첼로 모음곡이나 유키 구라모토의 조용한 피아노 선율에 귀를 맡기는 것도 도움이 되겠지요. 그리고 나와의 데이트를 즐기는 것입니다. 모든 일은 마음먹기에 따라 달리 보입니다. 원효 대사가 해골바가지 속의 물을 마시고 느낀 것이 바로 그것이었죠. 여러분의 마음이 꽃밭이면 모든 것이 다 아름답게 느껴지기 마련이에요. 명상을 통해 여러분의 마음을 날마다 새롭게 가꾸어 보세요. 스트레스쯤은 저 멀리 날아가 버릴 테니까요.

머리 풀어주는 퍼즐

창의사고력 기초 다지기 주의집중력 쑥~

다음에서 보기 와 같은 그림을 모두 찾아 동그라미 하세요.

빠르고 정확하게 읽기

● 오늘의 읽기 자료입니다. 잘 읽고 문제를 풀어 보세요.

　　예로부터 우리나라에서 만든 종이에는 색지, 운문지, 홍패지, 색간지, 한지 등이 있습니다. 그 중에서 특히 한지는 닥나무 껍질 등을 원료로 하여 만드는 우리나라 고유의 종이입니다. 한지는 주로 붓글씨용 종이나 동양화를 그리는 서예지로 쓰입니다. 또 생활 속에서는 창문이나 문틀을 막는 도배지로 쓰이거나 부채나 장식품의 재료가 되는 공예지로 쓰이기도 합니다.

　　한지는 종이에 섬유질이 그대로 남아 있기 때문에 다른 종이에 비해 아주 질깁니다. 섬유질은 나무를 이루고 있는 튼튼한 물질인데, 이것 때문에 한지는 쉽게 찢어지지 않고 매우 튼튼합니다. 또 한지에 붓으로 글씨를 쓰면 먹물이 고루 잘 먹힙니다. 그래서 한지에 글씨를 쓰면 잘 번지지 않고 글씨가 잘 써집니다.

　　또 한지는 수명이 아주 긴 종이입니다. 오늘날 우리가 쓰는 종이는 100년도 안 돼서 모양이 변하고 썩어 없어지고 맙니다. 그러나 한지는 수백 년이 지나도 원래의 모습을 그대로 유지하기 때문에 옛날부터 중요한 내용을 기록하는 데 쓰였습니다. 또 한지는 종이 질이 매우 부드러우며 빛깔이 곱고 은은합니다. 한지는 하얀색은 물론이고 다른 색깔을 입혀도 산뜻하고 아름다운 색을 냅니다. 이렇게 한지는 장점이 많은 뛰어난 종이입니다.

❶ 핵심어 찾기

다음 어휘들이 위 글에서 몇 번씩 나왔는지 개수를 세어 보세요. 많이 등장한 어휘일수록 글의 주제와 가장 관련이 깊은 핵심어입니다.

문제 개수 6 개

맞은 개수 ◯ 개

틀린 개수 ◯ 개

부채	닥나무	한지	글씨	아름다운 색	100년

♥ 다음 보기를 이용해서 ❷~❸번 문제를 풀어 보세요.

보기 ① 붓으로 글씨를 쓰면 잘 번진다.　　② 종이가 질기지 않아 쉽게 찢어진다.
　　　③ 다른 종이에 비해 가격이 매우 싸다.　④ 글씨를 쓰면 잘 번지지 않고 잘 써진다.
　　　⑤ 종이 질이 부드러우며 빛깔이 곱고 은은하다.
　　　⑥ 종이가 질겨서 쉽게 찢어지지 않고 매우 튼튼하다.
　　　⑦ 수명이 아주 길어 수백 년이 지나도 원래의 모습을 유지한다.

❷
글의 짜임
그리기

다음은 위 글의 내용을 한눈에 볼 수 있도록 정리한 표입니다. 가~다에 보기의 ①~⑦을 알맞게 넣어 표를 완성해 보세요.

문제 개수 3 개

맞은
개수 　개

틀린
개수 　개

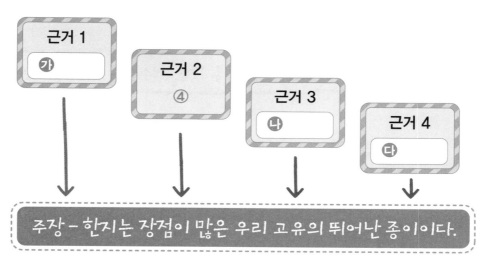

❸
요약
하기

다음은 위 글의 중심 내용을 요약한 것입니다. 가, 나에 보기의 ①~⑦을 알맞게 넣어 요약 글을 완성해 보세요.

문제 개수 2 개

맞은
개수 　개

틀린
개수 　개

한지는 장점이 많은 우리 고유의 뛰어난 종이이다. 첫째 한지는 종이가 질기기 때문에 쉽게 찢어지지 않고 매우 튼튼하며, 둘째 붓으로 〔 가 〕. 셋째, 한지는 〔 나 〕. 그리고 넷째, 한지는 종이 질이 부드러우며 빛깔이 곱고 은은하다.

다음은 위 글의 제목 후보입니다. 먼저, 위 글의 제목으로 가장 알맞은 것을 골라 빈칸에 ○를 하세요. 그런 다음, 주어진 조건에 맞게 ×, △, □를 표시하세요. (단, ○는 딱 한 개만 고르세요.)

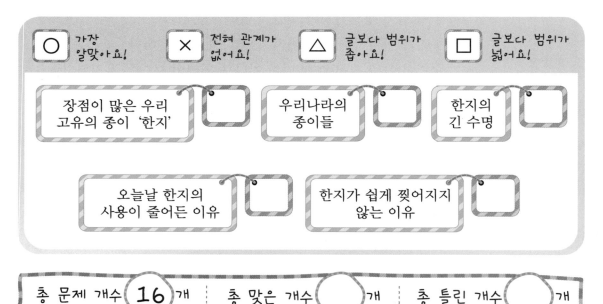

○ 가장 알맞아요!   × 전혀 관계가 없어요!   △ 글보다 범위가 좁아요!   □ 글보다 범위가 넓어요!

장점이 많은 우리 고유의 종이 '한지' [   ]

우리나라의 종이들 [   ]

한지의 긴 수명 [   ]

오늘날 한지의 사용이 줄어든 이유 [   ]

한지가 쉽게 찢어지지 않는 이유 [   ]

총 문제 개수 ⟨ 16 ⟩개   총 맞은 개수 ◯ 개   총 틀린 개수 ◯ 개

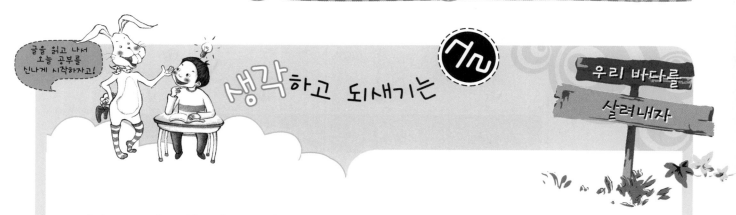

생각하고 되새기는

우리 바다를 살려내자

글을 읽고 나서 오늘 공부를 신나게 시작하자고!

　지난 2007년 12월 7일, 중국에서 원유를 싣고 한국으로 오던 유조선이, 서해안의 태안 앞 바다에서 거대한 크레인과 부딪치는 사고를 당합니다. 사고의 충격으로 배에 구멍이 나면서 그 안에 가득 담겨 있던 많은 양의 기름이 바다로 쏟아지게 되지요.

　이로 인해 태안은 물론 서해안 전체가 순식간에 오염이 되고 말았습니다. 기름의 독성으로 인해 바다 속에 살고 있던 고기들이 떼죽음을 당하는 것은 물론, 찐득찐득한 검은 기름이 파도를 타고 해안으로 흘러들어 아름답기로 유명하던 해안가는 순식간에 죽음의 땅으로 변했습니다.

　수만 명의 자원 봉사자가 태안을 찾아 흡착포로 기름을 걷어 내고 바위와 모래 사이에 낀 기름덩이를 하나하나 닦아 내며 원래의 모습을 되찾기 위해 노력을 하였지만, 원래의 생태계가 복원되려면 적어도 20년의 세월이 더 필요하다고 합니다.

27회

머리 풀어주는 **퍼즐**

도전 시간	걸린 시간
00 분 20 초	분 초

창의사고력 기초 다지기 연상추리력 쏙~

숫자의 개수만큼 위, 아래, 대각선에 폭탄이 숨겨져 있습니다. 폭탄이 있는 칸에 ×표 하세요.

8개의 폭탄이 숨어 있어요!

0		×	×
		4	×
×	5	×	
×	×	×	2

10개의 폭탄이 숨어 있어요!

1						0	
		0	0			1	0
2							
		2		1			
	2						0
0				1			
	0		0	2		3	1
				3			2	0
1		1		4		2	

117

● 오늘의 읽기 자료입니다. 잘 읽고 문제를 풀어 보세요.

민속놀이는 먼 옛날부터 전해 내려 온 전통놀이를 말합니다. 명절 때 주로 즐겼던 이 놀이는 이웃 간의 정을 더욱 두텁게 해 주었으며 즐거움과 힘이 되어 주기도 했답니다. 민속놀이의 종류에는 고싸움, 씨름, 줄다리기, 널뛰기, 그네뛰기 등이 있습니다.

고싸움은 짚단과 새끼줄로 엮어 만든 둥근 모양의 '고'를 서로 맞부딪쳐 싸워 승부를 가리는데, 주로 대보름날 즐겨하던 놀이입니다. 고를 적당히 들었다 놓았다 하면서 상대의 고를 내리눌러 땅에 닿게 만든 쪽이 이기는 것으로, 많은 사람들의 협동심이 필요한 놀이랍니다.

씨름은 모래 위에서 벌어지는 순수한 우리 민족의 경기입니다. 서로 샅바를 붙잡고 힘과 기술을 겨루어서 상대를 넘어뜨리는 쪽이 이기는 것입니다.

줄다리기는 여럿이 모여 힘으로 승부를 가리는 단체놀이입니다. 편을 둘로 가른 다음 긴 줄을 이용하여 서로 잡아당기다가 끌려가는 쪽이 지게 됩니다.

널뛰기는 널의 양쪽에 한 사람씩 올라간 다음 번갈아 뛰는 놀이로 주로 여자들이 즐기는 놀이입니다. 널뛰기가 시작된 것은 옥에 갇힌 남편을 보기 위해 다른 죄수의 아내와 함께 뛰면서부터라는 이야기가 전해 내려오고 있습니다.

그네뛰기는 그네 위에서 힘차게 발을 굴러 내딛는 놀이로 주로 단오에 많이 즐겼습니다. 그네는 재미로 즐기기도 했지만 단오와 같은 명절이 되면 대회를 열어 높이 뛰는 것으로 승부를 겨루기도 했답니다.

❶ 핵심어 찾기

다음 어휘들 중에 위 글에 나온 어휘가 있으면 빈칸에 동그라미 하세요. 동그라미 한 어휘들이 위 글의 주제와 가장 관련이 높은 핵심어입니다.

문제 개수 10개

맞은 개수 ◌ 개

틀린 개수 ◌ 개

널뛰기	말싸움	제기차기	고싸움	달맞이	그네뛰기	줄다리기	강강술래	씨름	민속놀이

♥ 다음 보기를 이용해서 ❷~❸번 문제를 풀어 보세요.

보기
① 씨름　　② 고싸움　　③ 널뛰기　　④ 줄다리기　　⑤ 그네뛰기
⑥ 그네 위에서 힘차게 발을 굴러 내딛는 놀이
⑦ 고를 서로 맞부딪쳐 싸워 승부를 가리는 놀이
⑧ 널의 양쪽에 한 사람씩 올라간 다음 번갈아 뛰는 놀이
⑨ 편을 둘로 가른 다음 긴 줄을 이용하여 서로 잡아당기는 놀이
⑩ 서로 샅바를 붙잡고 힘과 기술을 겨루어서 상대를 넘어뜨리는 쪽이 이기는 경기

❷
글의 짜임
그리기

다음은 위 글의 내용을 한눈에 볼 수 있도록 정리한 표입니다. ㉮~㉯에 보기의 ①~⑩을 알맞게 넣어 표를 완성해 보세요.

문제 개수 6 개

맞은 개수 ___ 개

틀린 개수 ___ 개

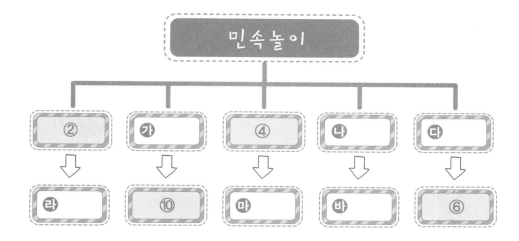

민속놀이

② | ㉮ | ④ | ㉯ | ㉰

㉫ | ⑩ | ㉬ | ㉭ | ⑥

❸
요약
하기

다음은 위 글의 중심 내용을 요약한 것입니다. ㉮~㉰에 보기의 ①~⑩을 알맞게 넣어 요약 글을 완성해 보세요.

문제 개수 3 개

맞은 개수 ___ 개

틀린 개수 ___ 개

　　민속놀이는 먼 옛날부터 전해 내려 온 전통놀이를 말한다. 우리 조상들은 민속놀이를 통해 이웃 간의 정을 더욱 두텁게 하고 즐거움과 힘을 얻었다. 우리 고유의 민속놀이에는 고싸움, ㉮ , 줄다리기, ㉯ , ㉰ 등이 있다.

다음은 위 글의 제목 후보입니다. 먼저, 위 글의 제목으로 가장 알맞은 것을 골라 빈칸에 ○를 하세요. 그런 다음, 주어진 조건에 맞게 ×, △, □를 표시하세요. (단, ○는 딱한 개만 고르세요.)

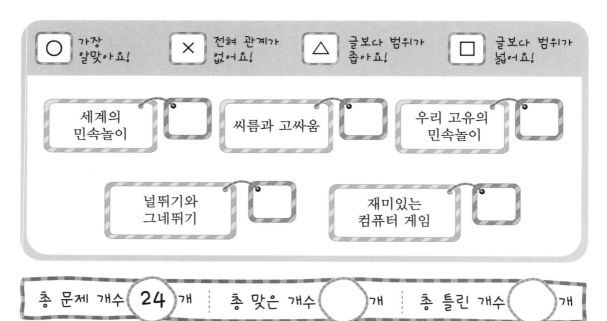

| ○ 가장 알맞아요! | × 전혀 관계가 없어요! | △ 글보다 범위가 좁아요! | □ 글보다 범위가 넓어요! |

세계의 민속놀이 ☐

씨름과 고싸움 ☐

우리 고유의 민속놀이 ☐

널뛰기와 그네뛰기 ☐

재미있는 컴퓨터 게임 ☐

총 문제 개수 24 개 | 총 맞은 개수 ◯ 개 | 총 틀린 개수 ◯ 개

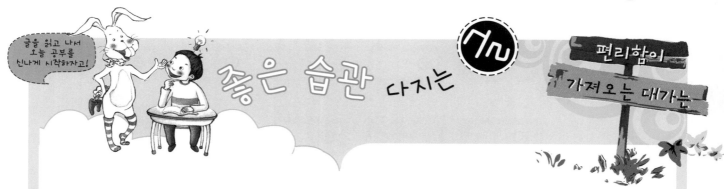

글을 읽고 나서 오늘 공부를 신나게 시작하자고!

좋은 습관 다지는 72

편리함이 가져오는 대가는

영은이는 친구들과 공원으로 소풍을 갔습니다. 돌아올 때 짐을 줄이기 위해서 일회용 스티로폼 용기에 김밥을 담고, 플라스틱 PET병에 든 사이다와 종이컵, 그리고 나무젓가락을 준비했습니다. 공원에서 신나게 놀고 맛있게 도시락을 먹은 후, 남은 쓰레기는 비닐봉지에 싸서 쓰레기통에 넣었습니다. 집에 올 때는 물론 빈손이었지요.

아래는 영은이가 오늘 버린 쓰레기가 완전히 썩을 때까지 걸리는 시간이랍니다. 한 번의 편리함을 위해 늘어만 가는 쓰레기로 인해 우리의 땅은 적어도 500년 동안 갑갑한 숨을 쉬어야 할 테지요. 일회용품을 쓰기 전에 다시 한번 생각해 보세요. 불편함을 잠시 참는다면 더 큰 보람을 얻을 수 있을 거예요.

플라스틱 – 50~80년   스티로폼 – 500년 이상   비닐봉지 – 10~12년
일회용 컵 – 20년 이상   나무젓가락 – 20년

머리 풀어주는 퍼즐

도전 시간	걸린 시간
00 분 25 초	분 초

창의사고력 기초 다지기   판단능력 쑥~

표시된 숫자의 개수만큼 사각형 모양으로 칸을 나누어 보세요. 모두 다섯 부분으로 나누어지며, 한 칸도 남지 않아야 합니다.

보기

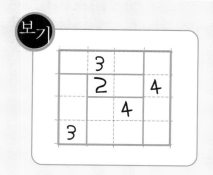

문제1

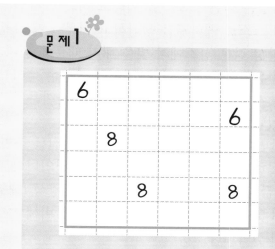

문제2

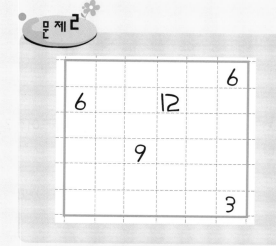

문제3

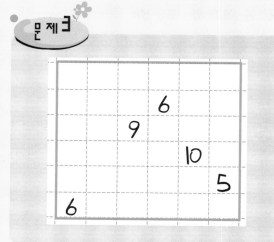

● 오늘의 읽기 자료입니다. 잘 읽고 문제를 풀어 보세요.

옛날 사람들은 밤하늘에서 밝게 빛나는 천체*를 크게 두 종류로 구분했습니다. 하나는 매일 같은 장소에서 같은 간격을 두고 빛을 내는 것들로 항상 같은 장소에 있다고 해서 '항성'이라고 불렀습니다. 또 다른 것은 항성들 사이를 돌아다니면서 빛을 내는 것으로 '행성'이라고 불렀습니다. 이러한 항성과 행성은 각기 다른 성질을 가지고 있습니다.

항성은 다른 말로 '별'이라고 하는데 자신의 몸에 있는 수소나 헬륨과 같은 물질을 이용하여 스스로 에너지를 생산하고 이를 빛으로 방출할 수 있는 천체입니다. 항성은 행성과 달리 항상 같은 장소에서 빛을 내기 때문에 위치가 달라지지 않으며, 우리 태양계에서는 태양만이 유일한 항성입니다. 이러한 항성은 우리가 상상하기 힘들 정도로 먼 곳에 있습니다. 태양을 제외하고 우리 지구에서 가장 가까운 항성은 무려 빛의 속도로 4년이 넘게 가야 만날 수 있답니다.

반면에 행성은 지구처럼 태양의 주위를 돌면서 스스로 빛을 만들지 못하고 다만 항성의 빛을 반사할 뿐입니다. 우리 태양계에는 수성, 금성, 지구, 화성, 목성, 토성, 천왕성, 해왕성의 여덟 개의 행성이 있습니다. 이들 행성들은 항성에 비해 우리 지구와 아주 가까운 곳에 있답니다.

천체 : 공간에 떠 있는 모든 물체

①
핵심어 찾기

다음 어휘들이 위 글에서 몇 번씩 나왔는지 개수를 세어 보세요. 많이 등장한 어휘일수록 글의 주제와 가장 관련이 깊은 핵심어입니다.

문제 개수 **6** 개

맞은 개수 ⬡ 개

틀린 개수 ⬡ 개

화성	행성	지구	천왕성	항성	수성

♥ 다음 보기를 이용해서 ❷~❸번 문제를 풀어 보세요.

보기
① 밤하늘에서 밝게 빛나는 천체　　　② 우리 지구와 아주 먼 곳에 있다.
③ 우리 지구와 아주 가까운 곳에 있다.　④ 우리 태양계에서는 태양만이 유일하다.
⑤ 스스로 빛을 만들지 못하고 반사만 한다.
⑥ 스스로 에너지를 생산하고 이를 빛으로 방출할 수 있다.
⑦ 항상 같은 장소에서 빛을 내기 때문에 위치가 달라지지 않는다.
⑧ 수성, 금성, 지구, 화성, 목성, 토성, 천왕성, 해왕성의 여덟 개

❷
글의 짜임
그리기

문제 개수 3 개

맞은
개수　　개

틀린
개수　　개

다음은 위 글의 내용을 한눈에 볼 수 있도록 정리한 표입니다. ㉮~㉰에 보기의 ①~⑧을 알맞게 넣어 표를 완성해 보세요.

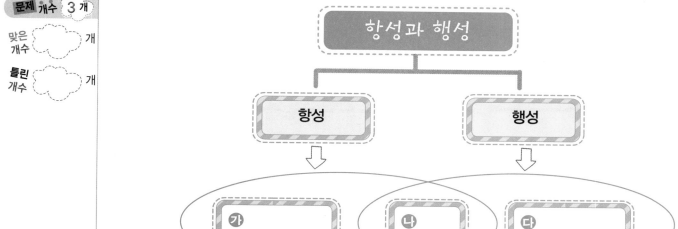

❸
요약
하기

문제 개수 3 개

맞은
개수　　개

틀린
개수　　개

다음은 위 글의 중심 내용을 요약한 것입니다. ㉮~㉰에 보기의 ①~⑧을 알맞게 넣어 요약 글을 완성해 보세요.

　　옛날 사람들은 밤하늘에서 밝게 빛나는 천체를 항성과 행성으로 구분했다. 항성은 항상 같은 장소에서 빛을 내기 때문에 위치가 달라지지 않는 것으로, 우리 태양계에서는 태양만이 이에 해당한다. 이러한 항성은 ㉮ 　　 는 특성을 가지고 있다. 한편 행성은 태양의 주위를 도는 ㉯ 　　 이/가 이에 해당하며 ㉰ 　　 는 특성을 가지고 있다.

다음은 위 글의 제목 후보입니다. 먼저, 위 글의 제목으로 가장 알맞은 것을 골라 빈칸에 ○를 하세요. 그런 다음, 주어진 조건에 맞게 ×, △, □를 표시하세요. (단, ○는 딱한 개만 고르세요.)

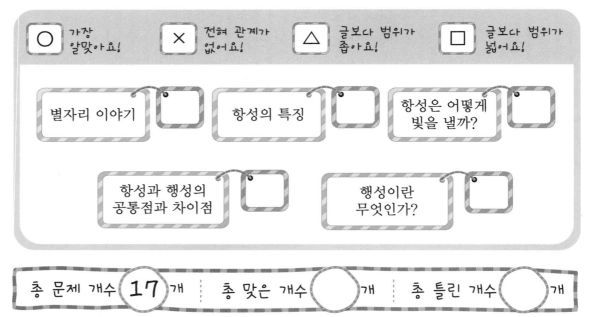

○ 가장 알맞아요!   × 전혀 관계가 없어요!   △ 글보다 범위가 좁아요!   □ 글보다 범위가 넓어요!

별자리 이야기

항성의 특징

항성은 어떻게 빛을 낼까?

항성과 행성의 공통점과 차이점

행성이란 무엇인가?

총 문제 개수 17 개 | 총 맞은 개수 개 | 총 틀린 개수 개

상식 쑥쑥 키우는

글을 읽고 나서 오늘 공부를 신나게 시작하자고!

72

아크릴 수세미로 환경 사랑 실천을!

　보통 집에서 설거지를 할 때 거품이 많이 나는 합성 세제를 많이 사용해요. 이 세제는 깨끗한 물로 여러 번 헹구어도 그릇에 잔여물이 남게 되지요. 지나치게 사용하는 합성 세제는 수질 오염의 주 오염원이기도 합니다. 그런데 친환경 수세미를 사용하면 이런 문제점을 깨끗하게 해결할 수 있어요.

　친환경 수세미는 아크릴 실로 직접 만들 수 있어요. 아크릴은 기름을 흡수하고 분해하는 특성이 있고 세균이 싫어하는 성분을 가지고 있어 수세미 속에 세균이 살지 못하게 해 줍니다. 친환경 수세미는 세제를 사용하지 않아도 그릇에 묻은 기름기를 말끔하게 닦을 수 있고, 깨끗이 빨아서 말렸다가 다시 쓰면 오래오래 쓸 수 있어서 더욱 좋지요. 게다가 모양도 예쁘고 얼마든지 원하는 모양으로 새로 만들어 쓸 수 있으니 환경 사랑 실천의 일등 공신이라 할 만하겠지요.

공부를 시작할 때도
준비운동이 필요하다고!
하나둘 하나둘

도전 시간	걸린 시간
00 분 20 초	분 초

창의사고력 기초 다지기   정보처리능력 쑥~

, 모양을 움직여 다음 그림에 꼭 들어맞도록 채워 보세요.

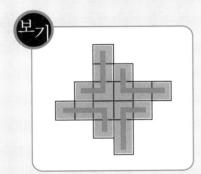

125

빠르고 **정확**하게  **읽기**

도전시간

| 4 분 | 40 초 |

걸린시간

| 분 | 초 |

● 오늘의 읽기 자료입니다. 잘 읽고 문제를 풀어 보세요.

화산의 종류는 활동 정도에 따라서 활화산, 휴화산, 사화산으로 구분합니다.

활화산은 현재 활동하고 있거나 과거에 분화한 적이 있었던 화산으로 활동 가능성이 높은 화산입니다. 대표적인 활화산으로는 하와이에 있는 킬라우에아 화산이나 인도네시아의 므라피 화산을 들 수 있습니다. 이들 활화산에는 지금도 시뻘건 용암이 흐르고 있다고 합니다.

휴화산은 당분간 쉬고 있는 화산입니다. 비록 지금은 활동을 하지 않지만 과거에 분화했던 흔적이 있고 언젠가는 활동할 가능성이 있는 것으로 보이는 화산입니다. 우리나라의 백두산과 한라산이 여기에 속하는데, 백두산은 1597년, 1688년, 1702년에 활동했다는 기록이 있습니다. 그리고 최근 연구에 따르면 백두산이 조금씩 키가 자라고 있다고 하는데, 이것은 화산 활동이 일어나기 전의 징조이기도 합니다. 그래서 지진학자들이 백두산을 주의 깊게 관찰하고 있다고 합니다.

사화산은 말 그대로 더 이상 활동을 하지 않고 죽은 화산을 말합니다. 사화산은 다시는 분화하지 않을 것으로 예상되는 화산인데 그래도 이것을 완전히 믿을 수는 없습니다. 왜냐하면 남대서양의 트리스탄다투나 화산은 사화산이었다고 생각되었는데 1961년에 화산 활동이 다시 일어났기 때문입니다.

❶ 핵심어 찾기

문제 개수 8 개

맞은 개수 ___ 개

틀린 개수 ___ 개

다음 어휘들 중에 위 글에 나온 어휘가 있으면 빈칸에 동그라미 하세요. 동그라미 한 어휘들이 위 글의 주제와 가장 관련이 높은 핵심어입니다.

화산	지진	사화산	눈사태	휴화산	해일	활화산	태풍

♥ 다음 보기를 이용해서 ❷∼❸번 문제를 풀어 보세요.

보기
① 활화산　　　② 휴화산　　　③ 사화산　　　④ 우리나라의 백두산과 한라산

⑤ 다시는 분화하지 않을 것으로 예상되는 화산

⑥ 현재 활동하고 있거나 과거에 분화한 적이 있었던 화산

⑦ 하와이에 있는 킬라우에아 화산이나 인도네시아의 므라피 화산

⑧ 지금은 활동을 하지 않지만 언젠가는 활동할 가능성이 있는 것으로 보이는 화산

❷
글의 짜임
그리기

문제 개수 4 개

맞은
개수 　개

틀린
개수 　개

다음은 위 글의 내용을 한눈에 볼 수 있도록 정리한 표입니다. ㉮∼㉣에 보기의 ①∼⑧을 알맞게 넣어 표를 완성해 보세요.

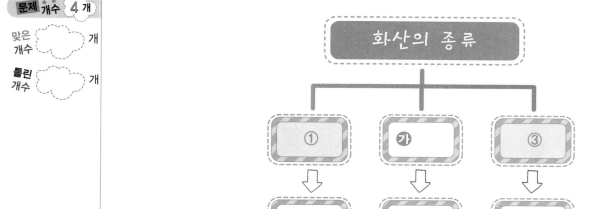

화산의 종류

① 　㉮ 　③

㉯ 　㉰ 　㉱

❸
요약
하기

문제 개수 3 개

맞은
개수 　개

틀린
개수 　개

다음은 위 글의 중심 내용을 요약한 것입니다. ㉮∼㉰에 보기의 ①∼⑧을 알맞게 넣어 요약 글을 완성해 보세요.

　화산의 종류는 활동 정도에 따라 활화산, 휴화산, 사화산으로 나누어진다. 활화산은 현재 활동하고 있는 화산으로 ㉮ 이/가 있다. 휴화산은 지금은 활동을 하지 않지만 언젠가는 활동할 가능성이 있는 화산으로 ㉯ 이/가 있다. 그리고 사화산은 ㉰ 이다.

127

다음은 위 글의 제목 후보입니다. 먼저, 위 글의 제목으로 가장 알맞은 것을 골라 빈칸에 ○를 하세요. 그런 다음, 주어진 조건에 맞게 ×, △, □를 표시하세요. (단, ○는 딱 한 개만 고르세요.)

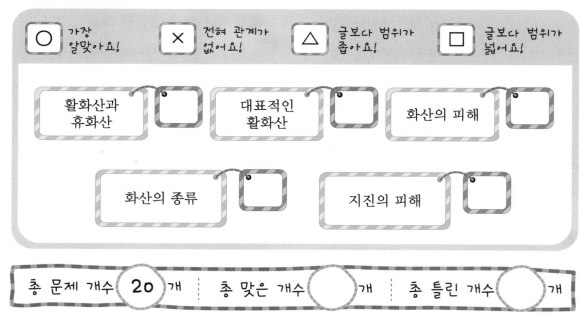

| ○ 가장 알맞아요! | × 전혀 관계가 없어요! | △ 글보다 범위가 좁아요! | □ 글보다 범위가 넓어요! |

활화산과 휴화산 ⃞

대표적인 활화산 ⃞

화산의 피해 ⃞

화산의 종류 ⃞

지진의 피해 ⃞

총 문제 개수 **20** 개 | 총 맞은 개수 ⃝ 개 | 총 틀린 개수 ⃝ 개

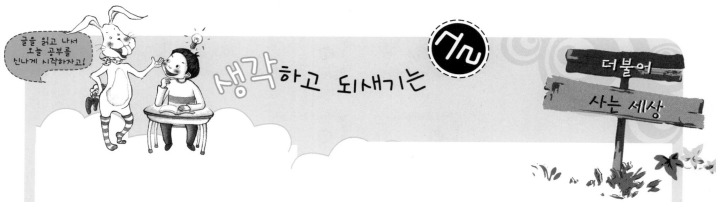

생각하고 되새기는

글을 읽고 나서 오늘 공부를 신나게 시작하자고!

더불어 사는 세상

　험난한 자연을 이기고 살아가야 하는 동물과 식물들은 서로 밀접한 관계를 맺으며 살아가지요. 때로는 호랑이와 멧돼지, 사슴처럼 먹고 먹히는 관계가 되기도 하고, 참나무의 영양분을 빼앗아 먹는 말버섯처럼 일방적으로 한쪽에 해를 입히는 관계가 되기도 합니다.

　그러나 서로 돕고 보호하며 더 큰 적들로부터 자신들을 보호하는 관계들도 많지요. 이를 '공생 관계'라고 합니다. 진딧물은 개미에게 단물을 주고, 개미는 진딧물을 잡아먹는 무당벌레를 쫓아 줍니다. 악어새는 악어의 이 사이에 낀 음식물 찌꺼기를 먹음으로써 악어가 이를 깨끗이 유지할 수 있도록 도와주지요. 청설모나 다람쥐는 도토리를 먹고, 이들의 배설물로 다시 땅에 나온 도토리는 적절히 땅속에 묻혀 다시 잘 자라나게 된답니다. 이렇듯 함께 돕고 도움을 받으며 사는 세상, 동물이든 사람이든 함께 더불어 살아야 행복해진답니다.

머리 풀어주는 퍼즐

공부를 시작할 때도
준비운동이 필요하다고!
하나둘 하나둘

도전 시간	걸린 시간
00 분 20 초	분 초

창의사고력 기초 다지기 계산능력 쑥~

사다리를 타고 내려가면서, 같은 도형 속의 숫자가 나올 수 있도록 +, −, ×를 이용해 빈칸을 채워 보세요.(단, 자연수만 이용합니다.)

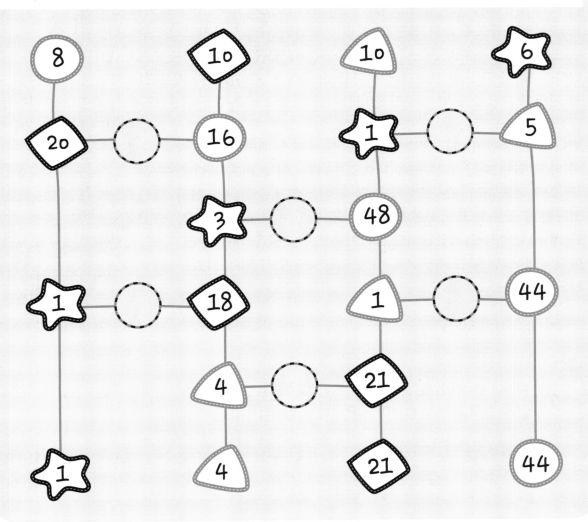

빠르고 **정확**하게  **읽기**

도전시간

| 4 | 분 | 50 | 초 |

걸린시간

| 분 | 초 |

● 오늘의 읽기 자료입니다. 잘 읽고 문제를 풀어 보세요.

잠수함을 세계 최초로 만든 사람은 누구일까요?

지금으로부터 약 200년 전 미국이 영국의 식민지로 있었던 시절, 미국 국민들은 자유를 되찾기 위해 굳은 결의를 하고 독립 운동을 시작했습니다. 마침내 1775년, 독립 전쟁이 일어나 미국 독립군과 영국군 사이에는 치열한 싸움이 시작되었습니다. 그러나 영국의 군사력은 세계에서 으뜸가는 강대한 힘을 자랑하던 터였고, 뉴욕 항에 정박해 있던 영국 해군의 함대는 천하무적으로 감히 접근할 수 없는 대단한 위력을 가지고 있었습니다.

그때 미국의 데이비스 브슈넬은 영국의 해군을 물리치기 위한 방법이 없을까 고민하였습니다. 그러던 어느 날 브슈넬은 바닷물 속 술통이 가라앉았다 떠올랐다 하는 것을 우연히 보게 되었고 그것을 본떠 잠수함을 만들기로 하였습니다. 브슈넬은 1776년, 마침내 크기는 큰 술통만 하고 속에는 한 사람 정도 들어갈 수 있는 배를 만들어 냈는데 이것이 최초의 잠수함입니다. 브슈넬이 만든 잠수함은 커다란 폭탄을 매달고 영국 함대 사령관이 타고 있는 이글 호를 향해 나아갔습니다. 이날 비록 폭탄을 이글 호에 명중시키지는 못했지만 영국 해군은 잠수함의 출현에 커다란 충격을 받고 공포에 떨었습니다. 반면 미국군의 자신감은 매우 높아지게 되었답니다. 그 이후로 잠수함은 계속 발전하였고, 오늘날 빠른 속력으로 바닷속을 항해할 수 있게 되었습니다.

①
핵심어
찾기

다음 어휘들이 위 글에서 몇 번씩 나왔는지 개수를 세어 보세요. 많이 등장한 어휘일수록 글의 주제와 가장 관련이 깊은 핵심어입니다.

문제 개수 6 개

맞은
개수   개

틀린
개수   개

브슈넬	술통	잠수함	이글 호	독립 전쟁	뉴욕 항

♥ 다음 보기를 이용해서 ❷～❸번 문제를 풀어 보세요.

보기 ① 미국　　② 잠수함　　③ 프랑스　　④ 중국 정부　　⑤ 영국 정부
⑥ 약 100년　　⑦ 약 200년　　⑧ 데이비스 브슈넬
⑨ 영국의 해군을 물리치기 위해　　⑩ 독일을 식민지로 만들기 위해
⑪ 바닷물 위에 술통이 가라앉았다 떠올랐다 하는 것을 본떠

❷
글의 짜임
그리기

다음은 위 글의 내용을 한눈에 볼 수 있도록 정리한 표입니다. ㉮～㉱에 보기의 ①～⑪을 알맞게 넣어 표를 완성해 보세요.

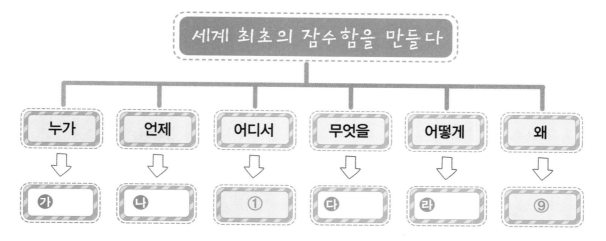

세계 최초의 잠수함을 만들다

누가	언제	어디서	무엇을	어떻게	왜
㉮	㉯	①	㉰	㉱	⑨

❸
요약
하기

다음은 위 글의 중심 내용을 요약한 것입니다. ㉮～㉰에 보기의 ①～⑪을 알맞게 넣어 요약 글을 완성해 보세요.

지금으로부터 [㉮] 전에 미국과 영국 사이에는 치열한 싸움이 벌어졌고, 미국의 [㉯] 은/는 영국의 해군을 물리치기 위한 방법이 없을까 고민하였다. 그러던 어느 날 그는 바닷물 위에 술통이 가라앉았다 떠올랐다 하는 것을 우연히 보고 이것을 본떠 술통만한 배를 만들었는데, 이것이 최초의 [㉰] 이다.

제목
달기

문제 개수 5 개

맞은
개수 [   ] 개

틀린
개수 [   ] 개

다음은 위 글의 제목 후보입니다. 먼저, 위 글의 제목으로 가장 알맞은 것을 골라 빈칸에 ○를 하세요. 그런 다음, 주어진 조건에 맞게 ×, △, □를 표시하세요. (단, ○는 딱 한 개만 고르세요.)

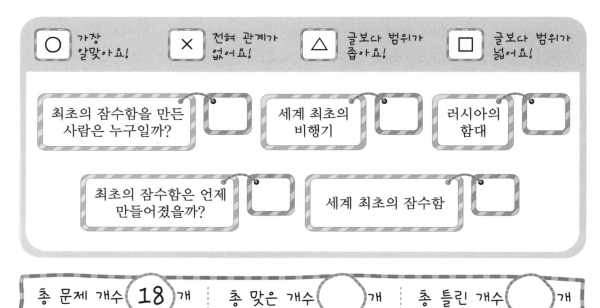

○ 가장 알맞아요!   × 전혀 관계가 없어요!   △ 글보다 범위가 좁아요!   □ 글보다 범위가 넓어요!

최초의 잠수함을 만든 사람은 누구일까? [ ]

세계 최초의 비행기 [ ]

러시아의 함대 [ ]

최초의 잠수함은 언제 만들어졌을까? [ ]

세계 최초의 잠수함 [ ]

총 문제 개수 (18) 개   총 맞은 개수 (   ) 개   총 틀린 개수 (   ) 개

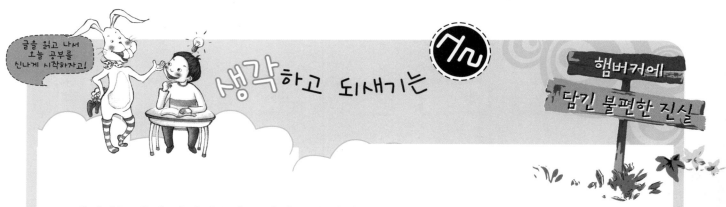

글을 읽고 나서 오늘 공부를 신나게 시작하자고!

생각하고 되새기는 7교시

햄버거에 담긴 불편한 진실

　햄버거는 우리 어린이들이 좋아하는 음식에 꼭 포함되는 대표적인 간식이죠. 그런데 여러분 혹시 이것도 알고 있나요? 햄버거 하나를 만들기 위해 열대 우림의 1.5평이 목초지로 변하고 소리 없이 사라지고 있다는 사실을요. '음식 혁명'의 저자 존 로빈스는 우리가 이 불편한 진실을 알아야 한다고 말합니다. 햄버거 속에 들어가는 소고기는 바로 이 열대 우림 지역에서 만들게 되는데, 이 소들은 어마어마한 양의 풀을 먹게 되고, 소들의 서식지를 만들기 위해 열대 우림의 나무들이 마구 잘린다는 것이지요. 이로 인해 생태계는 파괴되고 열대 우림에 살던 20~30종의 식물, 100종의 곤충, 10여 종의 파충류, 포유류도 함께 사라지게 됩니다. 또 점점 줄어드는 열대 우림의 숲은 산소 배출량을 줄여서 지구 온난화의 한 원인이 되기도 한답니다.

132

01 회 13쪽~16쪽

퍼즐

새 : 8장 　　　강아지 : 9장
꽃 : 6장 　　　바나나 : 4장
별 : 9장 　　　자동차 : 11장
고양이 : 8장

정답

① **핵심어 찾기** 1, 7, 1, 2, 6, 2

② **글의 짜임 그리기** 가 ⑥②①, 나 ⑤,
　　　　　　　　　　　다 ③④⑦

③ **요약하기** 가 ⑥②①, 나 ③④⑦

④ **제목 달기** ○, △, ×, △, ×

해설

제시문 정리하기

제시문은 '음성 언어와 문자 언어의 특징'에 대한 글입니다. 음성 언어와 문자 언어는 둘 다 언어의 의미(뜻)를 표현하고 이해하는 활동입니다. 음성 언어는 오래 보존할 수 없고, 말한 이후에는 내용을 고칠 수 없습니다. 또 손짓과 몸짓을 사용하며 내용을 전달합니다. 반대로 문자 언어는 오래 보존할 수 있고, 내용을 고칠 수도 있습니다. 그리고 뜻을 전달할 때 손짓과 몸짓을 사용할 수 없다는 특징을 갖습니다.

④ **제목 달기**

▶ **음성 언어와 문자 언어의 공통점과 차이점** : 본문은 '문자 언어'와 '음성 언어'를 대상으로 하여 첫 부분에 둘의 공통점을 이야기한 다음 각각의 차이점을 설명하고 있습니다. 그러므로, '음성 언어와 문자 언어의 차이점과 공통점'이 제목으로 가장 적절합니다.

▶ **음성 언어의 특징** : 본문의 핵심 내용인 '문자 언어'와 '음성 언어' 중에서 '음성 언어'에만 해당하므로 전체를 아우르는 제목으로 보기에는 범위가 좁습니다.

▶ **글을 잘 쓰는 방법** : 본문에 언급된 내용이 아니기 때문에 이 글과는 관계없는 제목입니다.

▶ **문자 언어의 특징** : 본문의 핵심 내용인 '문자 언어'와 '음성 언어' 중에서 '문자 언어'에만 해당하므로 전체를 아우르는 제목으로 보기에는 범위가 좁습니다.

▶ **영어와 한국어의 공통점과 차이점** : 본문에 언급된 내용이 아니기 때문에 이 글과는 관계없는 제목입니다.

02 회 17쪽~20쪽

퍼즐

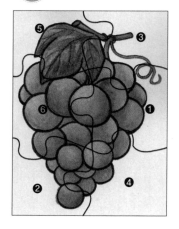

정답

① **핵심어 찾기** 2, 6, 2, 2, 10, 2

② **글의 짜임 그리기** 가 ④, 나 ②, 다 ①, 라 ⑤

③ **요약하기** 가 ③, 나 ④, 다 ②

④ **제목 달기** △, ×, □, ○, ×

해설

제시문 정리하기

제시문은 로마 시대에 번성했던 도시인 에페소스가 망하게 된 이유와 그 과정을 담은 글입니다. 에페소스는 생태계의 변화 때문에 멸망했습니다. 에페소스에 인구가 늘어나면서 숲이 줄어들었고, 숲이 줄어들면서 물의 순환이 제대로 이루어지지 못했습니다. 그 때문에 비가 적게 내려 흉년이 들었습니다. 또한 나무가 줄어들면서 숲의 흙이 빗물에 씻겨 내려가게 되었고 그 흙이 바다를 메워서 에페소스는 해양 도시의 기능을 잃어버렸습니다. 그리하여 에페소스는 결국 멸망하고 말았습니다.

④ **제목 달기**

▶ **에페소스 숲속의 물의 순환 과정** : 본문의 내용과 부분적으로만 일치하기 때문에 전체를 아우르는 제목으로 보기에는 범위가 좁습니다.

▶ **에페소스의 아름다움** : 본문에 언급된 내용이 아니기 때문에 이 글과는 관계없는 제목입니다.

▶ **에페소스의 역사** : 에페소스의 생성, 부흥, 고난 등 역사 전반적인 내용을 고루 다룬 것이 아니라 멸망 과정에만 초점을 맞추고 있기 때문에 제목으로 하기에는 범위가 너무 넓습니다.

▶ **에페소스의 멸망 원인** : 숲의 감소로 인한 생태계의 변화가 에페소스의 멸망 원인임을 말하고 있는 글입니다. 따라서 이것이 제목으로 가장 적절합니다.

▶ **도시와 숲** : 본문에서 다룬 내용이 아니기 때문에 이 글과는 관계없는 제목입니다.

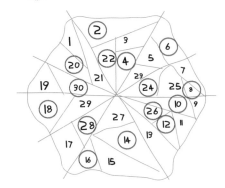

① **핵심어 찾기** 1, 6, 1, 1, 1, 3

② **글의 짜임 그리기** 가 ③ ⑥, 나 ② ⑤

③ **요약 하기** 가 ①, 나 ③ ⑥, 다 ② ⑤, 라 ④

④ **제목 달기** ✕, ✕, ☐, ◯, △

제시문 정리하기

제시문은 대나무 숲의 풍경이 계절의 변화에 따라 어떻게 변하는지에 대해 설명한 글입니다. 봄에는 대나무에 새 잎이 납니다. 여름이 되면 대나무가 잎갈이를 하는데, 대나무 숲이 가장 밝고 신선하게 보이는 때입니다. 가을에는 줄기색이 더 옅어지고 새 가지와 새로 돋은 잎이 완전히 펼쳐집니다. 그리고 겨울이 되어 눈이 오면 흰 눈과 푸른 잎이 어우러져 매우 아름다운 풍경을 볼 수 있습니다.

④ 제목 달기

▶ **대나무에 얽힌 다양한 전설** : 본문에 언급된 내용이 아니기 때문에 이 글과는 관계없는 제목입니다.

▶ **대나무로 만든 음식** : 본문에서 다룬 내용이 아니기 때문에 이 글과는 관계없는 제목입니다.

▶ **숲의 사계절 풍경** : 숲의 사계절 풍경 중에서도 '대나무 숲의 풍경'에 대한 내

용만을 전개하고 있기 때문에 제목으로 하기에는 범위가 넓습니다.

▶ **대나무 숲의 사계절 풍경** : 대나무 숲의 풍경이 계절에 따라 어떻게 변하는지를 설명한 글이므로 제목으로 가장 적절합니다.

▶ **대나무의 잎갈이** : '여름' 부분에서만 제시되고 있기 때문에 제목으로는 범위가 좁습니다.

① **핵심어 찾기** 7, 1, 1, 1, 9, 1

② **글의 짜임 그리기** 가 ②, 나 ③, 다 ⑥, 라 ⑨

③ **요약 하기** 가 ②, 나 ⑥

④ **제목 달기** ◯, ✕, △, ☐, ✕

제시문 정리하기

제시문은 가야금이 만들어진 과정을 육하원칙을 통하여 설명하는 글입니다. 우리나라의 대표적인 국악기인 가야금은 우륵이 가야국 시대 때 만든 악기입니다. 가야국의 왕인 가실왕의 명에 따라 중국의 악기인 '쟁'을 본떠 만든 것이 바로 가야금입니다.

④ 제목 달기

▶ **가야금은 어떻게 만들어졌을까요?** : 가야금이 만들어진 과정에 대하여 육하원

칙에 따라 설명한 글이므로 이것이 적절한 제목입니다.

▶ **거문고는 누가 만들었을까요?** : 본문에 언급된 내용이 아니기 때문에 이 글과는 관계없는 제목입니다.

▶ **가야금은 어떻게 소리를 낼까요?** : 본문의 세 번째 문단에서만 다루어진 내용이기 때문에 제목으로 하기엔 범위가 좁습니다.

▶ **국악을 연주하는 악기들** : 국악을 연주하는 악기에는 가야금 외에도 거문고, 아쟁 등 여러 악기가 있기 때문에 제목으로 하기에 범위가 넓습니다.

▶ **우리가 국악을 사랑하는 이유** : 본문에 언급된 내용이 아니기 때문에 이 글과는 관계없는 제목입니다.

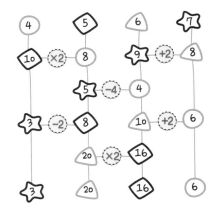

① **핵심어 찾기** ✕, ◯, ◯, ✕, ✕, ◯, ✕, ◯, ✕, ◯

② **글의 짜임 그리기** 가 ⑤, 나 ④, 다 ⑥, 라 ⑧, 마 ⑦

③ **요약 하기** 가 ④, 나 ⑥, 다 ⑧, 라 ①, 마 ⑦

④ **제목 달기** ✕, ◯, ☐, △, ✕

해설

제시문 정리하기

제시문은 우리의 명절인 대보름날의 풍속에 대해 설명하는 글입니다. 음력 1월 15일인 대보름날의 풍속들은 오늘날까지 전해 내려오고 있습니다. 대보름날의 풍속들은 개인적인 것과 집단적인 것으로 나눌 수 있습니다. 개인적인 풍속에는 부럼 깨물기, 더위팔기, 귀밝이술 마시기 등이 있고, 집단적인 풍속에는 다리밟기, 쥐불놀이 등이 있습니다.

④ 제목 달기

▶ 즐거운 그네뛰기 : 본문에서 다룬 내용이 아니기 때문에 이 글과는 관계없는 제목입니다.

▶ 대보름날의 풍속 : 대보름날의 풍속을 집단적인 것과 개인적인 것으로 나누어 그 종류를 설명하고 있는 글이므로 제목으로 적절합니다.

▶ 우리나라 명절의 풍속 : 본문에서는 여러 명절 중 '대보름날'의 풍속에 관해서만 다루고 있기 때문에 제목으로 하기에는 범위가 넓습니다.

▶ 부럼 깨물기 : 본문에서 다루고 있는 여러 풍속 중 한 가지이므로, 제목으로 하기에는 범위가 좁습니다.

▶ 민족의 대명절 한가위 : 본문에 언급된 내용이 아니기 때문에 이 글과는 관계없는 제목입니다.

06회 33쪽~36쪽

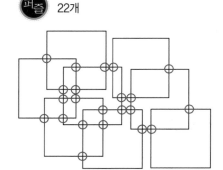
퍼즐 22개

정답

① 핵심어 찾기 1, 3, 15, 1, 1, 3
② 글의 짜임 그리기 ㉮⑥, ㉯⑤, ㉰④, ㉱③
③ 요약하기 ㉮①, ㉯⑥, ㉰⑤, ㉱③
④ 제목 달기 ×, △, ○, ×, △

해설

제시문 정리하기

제시문은 땅콩이 자라는 과정을 설명하는 글입니다. 땅콩은 봄에 심으면 다섯 달이 지난 후 수확할 수 있는 식물입니다. 땅콩을 땅에 심은 후 1~2주 후에 싹이 나며, 두 달 후에는 줄기에 많은 잎사귀가 달립니다. 그 다음엔 나비 모양의 작고 노란 꽃이 피었다 시듭니다. 꽃이 시든 자리에 새로운 싹이 자라나 땅콩 모양으로 변하면 수확이 가능합니다.

④ 제목 달기

▶ 땅콩의 종류 : 본문에 언급된 내용이 아니기 때문에 이 글과는 관계없는 제목입니다.

▶ 땅콩이 잘 자라는 곳 : 둘째 문단에서 부분적으로만 다루고 있기 때문에 제목으로 하기에는 범위가 좁습니다.

▶ 땅콩이 자라는 과정 : 땅콩을 땅에 심어 수확할 때까지의 과정을 순서대로 설명한 글이므로 이것이 제목으로 적절합니다.

▶ 강낭콩이 자라는 과정 : 본문에서 다룬

내용이 아니기 때문에 이 글과는 관계없는 제목입니다.

▶ 땅콩의 줄기와 꽃의 생김새 : 셋째 문단에서 부분적으로만 다루고 있기 때문에 제목으로 하기에는 범위가 좁습니다.

07회 37쪽~40쪽

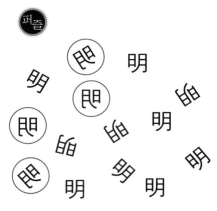
퍼즐

정답

① 핵심어 찾기 ○, ○, ×, ×, ○, ×, ○, ×, ○, ×
② 글의 짜임 그리기 ㉮③, ㉯⑧, ㉰⑨, ㉱⑦ ㉲⑩, ㉳⑤
③ 요약하기 ㉮②, ㉯⑥, ㉰④
④ 제목 달기 ×, ○, □, ×, △

해설

제시문 정리하기

제시문은 방언 중에서도 지역 방언에 대하여 설명하는 글입니다. 방언은 사회 방언과 지역 방언으로 나뉩니다. 우리나라의 지역 방언은 크게 제주도 방언, 경상도 방언, 전라도 방언, 충청도 방언, 경기도 방언, 강원도 방언으로 나누어지며 각기 다른 특징을 가지고 있습니다.

④ 제목 달기

▶ 일본어와 영어 : 본문에 언급된 내용이 아니기 때문에 이 글과는 관계없는 제목입니다.

▶ **우리나라의 지역 방언** : 이 글은 우리나라의 지역 방언을 크게 제주도 방언, 경상도 방언, 전라도 방언, 충청도 방언, 경기도 방언, 강원도 방언으로 나누어 그 특징을 설명하고 있기 때문에 이것이 제목으로 가장 적절합니다.

▶ **표준어와 방언** : 글의 첫머리에서 언급되고 있으나 본문에서는 그중에서 방언, 특히 지역 방언에 대해서만 설명하고 있기 때문에 제목으로 하기에는 범위가 넓습니다. 방언뿐만이 아니라 표준어에 대해서도 충분히 설명이 되어야 이것이 제목으로 적절해집니다.

▶ **자랑스러운 우리말** : 본문에 언급된 내용이 아니기 때문에 이 글과는 관계없는 제목입니다.

▶ **경상도 방언의 특징** : 경상도 방언은 지역 방언 중 하나이기 때문에 제목으로 하기에는 범위가 좁습니다.

 퍼즐

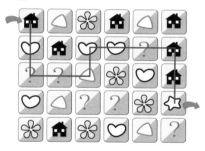

 정답

① **핵심어 찾기** 1, 8, 2, 3, 2, 2

② **글의 짜임 그리기** 가①, 나⑤, 다⑥, 라③

③ **요약하기** 가②, 나①

④ **제목 달기** ○, △, △, ×, □

 해설

제시문 정리하기

제시문은 김치에 들어 있는 성분들과 그 효과에 대해 설명하는 글입니다. 우리나라를 대표하는 음식인 김치에는 좋은 성분이 많이 들어 있어 우리 몸에 좋은 영향을 줍니다. 채소에 들어 있는 식이 섬유는 소화를 잘 되게 하고 변비를 예방합니다. 고춧가루에 들어 있는 비타민 C는 노화 방지와 피로 회복에, 캡사이신은 체중 감량에 도움을 줍니다. 마늘은 몸속의 영양분이 잘 흡수될 수 있도록 하여 몸을 튼튼하게 해 줍니다. 그리고 김치가 익을 때 나오는 젖산은 암을 예방합니다.

④ 제목 달기

▶ **김치에 들어 있는 몸에 좋은 성분들** : 이 글은 김치에 들어 있는 성분들이 우리 몸에 미치는 좋은 영향에 대하여 설명하는 글이므로 이것이 제목으로 가장 적절합니다.

▶ **김치의 재료** : 본문에 잠깐 언급되기는 하지만 제목으로 하기에는 범위가 좁습니다.

▶ **마늘의 효과** : 본문 내용의 일부분에 해당하기 때문에 제목으로 하기에는 범위가 좁습니다.

▶ **김치를 맛있게 담그는 방법** : 본문에 언급된 내용이 아니기 때문에 이 글과는 관계없는 제목입니다.

▶ **우리나라의 대표 음식들** : 우리나라의 대표 음식에는 김치 외에도 된장, 비빔밥 등 여러 가지가 있으므로 제목으로 하기에는 범위가 넓습니다.

 45쪽~48쪽

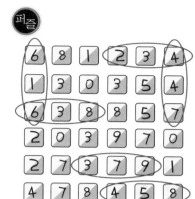 **퍼즐**

 정답

① **핵심어 찾기** ○, ×, ○, ×, ×, ○, ×, ×, ○, ○

② **글의 짜임 그리기** 가②, 나③, 다④, 라⑦

③ **요약하기** 가②, 나③

④ **제목 달기** ×, △, ×, ○, △

 해설

제시문 정리하기

제시문은 훈민정음의 창제 정신에 대한 글입니다. 한글은 창조 정신, 자주 정신, 애민 정신, 실용 정신을 바탕으로 만들어진 글자입니다. 창조 정신은 새로운 문자를 처음으로 만들었다는 뜻이고, 자주 정신은 다른 나라의 것이 아닌 우리나라만의 문자라는 뜻입니다. 애민 정신은 백성을 사랑하는 세종대왕의 마음을 알 수 있는 정신이고 실용 정신은 누구나 쉽게 배우고 쉽게 사용할 수 있도록 쓸모 있게 만들겠다는 마음이 담긴 정신입니다.

④ 제목 달기

▶ **우리말을 바르게 사용합시다** : 한글의 창제 정신과는 전혀 관련이 없는 내용입니다.

▶ **세종대왕의 애민 정신** : 한글의 네 가지 창제 정신 중의 하나로, 제목으로 하기에는 범위가 좁습니다.

▶ **가나다라마바사 한글을 배워 봅시다** : 한글의 창제 정신과는 전혀 관련이 없는 내용입니다.

▶ **세종대왕의 한글 창제 정신** : 이 글은 창조 정신, 자주 정신, 애민 정신, 실용 정신으로 설명되는 한글의 창제 정신에 관한 글이므로 이것이 제목으로 가장 적절합니다.

▶ **'훈민정음'의 뜻** : 글의 첫머리에만 잠깐 언급된 내용이기 때문에 제목으로 하기에는 범위가 좁습니다.

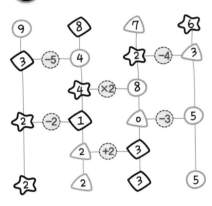

① **핵심어 찾기** 2, 1, 6, 1, 1, 6

② **글의 짜임 그리기** 가 ⑥, 나 ②, 다 ⑤

③ **요약하기** 가 ②, 나 ⑤

④ **제목 달기** △, ×, ×, □, ○

제시문 정리하기

제시문은 디지털 카메라에는 장점이 많다는 주장을 담은 글입니다. 주장에 대한 근거를 들기 위해 디지털 카메라와 필름 카메라를 대조하고 있습니다. 디지털 카메라는 필름 카메라에 비해 필름값이 들지 않아 경

제적이고, 사진을 찍은 후 컴퓨터로 옮겨 오래 보존할 수 있습니다. 또한 사진을 찍고 즉석에서 사진을 확인할 수 있다는 장점이 있습니다.

④ 제목 달기

▶ **CCD와 메모리** : 기존 필름 카메라에서의 필름의 역할을 대체하는 디지털 카메라의 기억 장치로, 본문 첫머리에만 언급되었기 때문에 제목으로 하기에는 범위가 좁습니다.

▶ **얼짱 각도 만들기** : 본문에서 다룬 내용이 아니기 때문에 이 글과는 관계없는 제목입니다.

▶ **휴대폰의 장점** : 본문에서 언급하지 않은 내용이기 때문에 이 글과는 관계없는 제목입니다.

▶ **디지털 기계의 종류** : 디지털 기계에는 디지털 카메라 외에도 휴대폰, 컴퓨터 등의 기계들이 많이 있기 때문에 제목으로 하기에는 범위가 넓습니다.

▶ **디지털 카메라의 장점** : 이 글은 디지털 카메라의 장점을 기존의 필름 카메라와의 대조를 통해 제시하고 있는 글입니다. 그러므로 이 글의 제목으로 가장 적절합니다.

문제1 ❹
문제2 ❶

① **핵심어 찾기** ○, ×, ○, ×, ○, ×, ×, ○, ×, ×

② **글의 짜임 그리기** 가 ②, 나 ⑤⑥, 다 ④⑩

③ **요약하기** 가 ⑤⑥, 나 ④⑩, 다 ⑨⑧

④ **제목 달기** △, ○, ×, △, □

해설

제시문 정리하기

제시문은 세계의 3대 종교에 대한 글입니다. 세계 3대 종교는 그리스도교, 불교, 이슬람교로, 그리스도교는 예수 그리스도를 따르며 하나님이 세상을 창조했다고 믿는 종교입니다. 불교는 인도의 석가모니가 창시했으며 해탈하여 부처가 되는 것을 최고의 목표로 여깁니다. 이슬람교는 아라비아의 마호메트가 만든 종교로, 한국에서 회교라고 부르기도 합니다. 경전인 코란의 내용을 철저하게 따르는 것을 중요하게 생각합니다.

④ 제목 달기

▶ **그리스도교의 특징** : 본문에서 설명하는 세계의 3대 종교 중 하나일 뿐이기 때문에 제목으로 하기에는 범위가 좁습니다.

▶ **세계의 3대 종교** : 본문은 세계 3대 종교의 특징을 설명하는 글이므로 이것이 제목으로 가장 적절합니다.

▶ **조선 시대의 종교** : 본문의 내용과는 전혀 관련이 없는 제목입니다.

▶ **불교와 이슬람교** : 본문에서 설명하는 내용이긴 하지만 세계의 3대 종교를 다 포함하지 못하므로 제목으로 하기에는 범위가 좁습니다.

▶ **세계의 다양한 종교들** : 세계에는 본문에서 언급한 3대 종교 이외에도 여러 종교들이 있으므로 제목으로 하기에는 범위가 넓습니다.

문제1

문제2

 정답

① **핵심어 찾기** ○, ×, ○, ○, ×, ○, ×, ○

② **글의 짜임 그리기** 가⑥, 나⑤, 다③, 라①, 마⑧

③ **요약하기** 가⑥, 나⑧

④ **제목 달기** ×, ×, △, ○, △

 해설

제시문 정리하기

제시문은 겨울철 피부 관리 방법을 순서대로 설명한 글입니다. 겨울철은 건조하기 때문에 피부 관리가 특히 중요합니다. 먼저 스팀 타월을 이용해서 얼굴의 각질을 부드럽게 만들어 줍니다. 그런 다음 비누칠을 해서 각질을 살살 문질러 제거한 후, 팩을 하고 10분간 기다립니다. 그런 다음 팩을 깨끗이 씻어 내고 마지막으로 물을 마셔서 몸 안의 수분을 채워 줍니다.

④ **제목 달기**

▶ **겨울철 다이어트 방법** : 본문에 언급된 내용이 아니기 때문에 이 글과는 관계없는 제목입니다.

▶ **찰랑찰랑한 머릿결 만들기** : 본문에서 다룬 내용이 아니기 때문에 이 글과는 관계없는 제목입니다.

▶ **스팀 타월 하는 방법** : 본문에서 제시한 피부 관리 방법 중 하나이므로 제목으로 하기에는 범위가 좁습니다.

▶ **겨울철 피부 관리 방법** : 겨울철 건조해진 피부를 촉촉하게 만드는 방법을 순서대로 설명한 글이므로 제목으로 가장 적절합니다.

▶ **촉촉한 피부를 만드는 팩** : 글에서 제시한 피부 관리 방법 중 하나이므로 제목으로 하기에는 범위가 좁습니다.

13회 61쪽~64쪽

 퍼즐

 정답

① **핵심어 찾기** ○, ×, ○, ×, ×, ○, ×, ○

② **글의 짜임 그리기** 가②⑦, 나⑥⑧⑤

③ **요약하기** 가②, 나⑥

④ **제목 달기** ×, △, ×, △, ○

 해설

제시문 정리하기

제시문은 WTO와 FTA를 비교·대조하여 설명하는 글입니다. WTO와 FTA는 모두 국가 간의 무역에 관련된 용어입니다. WTO는 국가 간의 무역을 책임지고 관리하는 세계 무역 기구로 모든 회원국 간에는 관세 등에서 차별 없이 똑같이 대우해야 합니다. 그러나 이와 달리 FTA는 협정을 맺은 나라끼리만 관세를 낮추어 주거나 없애 주는 등의 특혜를 주고받는 협정이라고 할 수 있습니다.

④ **제목 달기**

▶ **WTO의 역사** : 본문에서 다룬 내용이 아니기 때문에 이 글과는 관계없는 제목입니다.

▶ **FTA의 특징** : 본문의 내용 중 일부분에만 해당하므로 제목으로 하기에는 범위가 좁습니다.

▶ **UN과 세계 평화** : 본문에 언급된 내용이 아니기 때문에 이 글과는 관계없는 제목입니다.

▶ **WTO의 특징** : 본문의 내용 중 일부분에만 해당하므로 제목으로 하기에는 범위가 좁습니다.

▶ **WTO와 FTA** : 이 글은 WTO와 FTA의 공통점과 차이점에 관한 글이기 때문에 이것이 제목으로 가장 적절합니다.

14회 65쪽~68쪽

 퍼즐

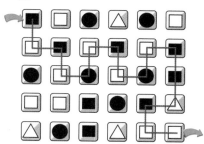

 정답

① **핵심어 찾기** 1, 5, 1, 1, 1, 1

② **글의 짜임 그리기** 가④, 나③, 다②, 라⑥, 마⑤

③ **요약하기** 가④, 나⑤

④ **제목 달기** ○, ×, ×, △, ×

 해설

제시문 정리하기

제시문은 준이의 한국어 학습법을 통해 언어 공부를 재미있게 하는 방법을 알려 주는 글입니다. 준이는 한국어를 공부하기 위해 여러 가지 방법을 사용합니다. 매일 3시간씩 어학당에서 수업을 듣고 예습과 복습을 합니다. 또 한국어 노래를 들으며 가사를 따라 부르고, 한국 드라마를 보고 배우들의 말을 흉내 내어 보기도 합니다. 한국 영화의 대본을 보고 역할을 정해서 연기를 직접 해 보기도 하고, 한국인 친구들과 함께 즐겁게 놀면서 많은 대화를 나누며 자연스럽게 한국어를 익힙니다. 이런 여러 가지 한국어 학습법을 통해 어느새 준이는 한국어로 유창하게 말할 수 있게 되었습니다.

제목 달기

▶ **준이의 한국어 학습 방법** : 준이가 어머니의 나라인 한국에 와서 한국어를 배우는 방법을 재미있게 구성한 글이므로, 이것이 제목으로 적절합니다.

▶ **언어의 천재들** : 본문에 언급된 내용이 아니기 때문에 이 글과는 관계없는 제목입니다.

▶ **준이의 일본어 학습 방법** : 본문에 언급된 내용이 아니기 때문에 이 글과는 관계없는 제목입니다.

▶ **준이가 한국으로 오게 된 이유** : 첫째 문단에 제시되고 있으나 전체 내용을 아우르지 못하기 때문에 제목으로 하기에는 범위가 좁습니다.

▶ **일본어와 한국어의 차이점** : 본문에서 다룬 내용이 아니기 때문에 이 글과는 관계없는 제목입니다.

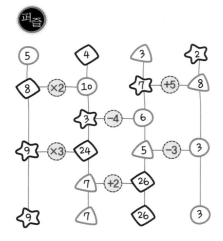

 정답

① **핵심어 찾기** 3, 6, 1, 1, 1, 7

② **글의 짜임 그리기** ⑦⑦, ⓝ⑩, ⓓ⑪, ㉣④, ㉤②, ㉥③

---

 ③ 요약 하기 ⑦④, ⓝ②, ⓓ③

④ 제목 달기 △, △, ○, ✕, ✕

🔑 해설

제시문 정리하기

제시문의 글은 자신의 건강 상태와 키, 몸무게를 바탕으로 알맞은 다이어트 계획을 세울 수 있도록 이상 체중을 구하는 방법과 이를 이용하여 비만도를 알 수 있는 방법을 설명한 글입니다. 이상 체중은 키에 따라 다르게 구해집니다. 키가 160cm 이상일 때 = (자신의 키-100)×0.9, 키가 150~160cm일 때 = (자신의 키 -150)÷2+50, 키가 150cm 이하일 때 = (자신의 키- 100)입니다. 이렇게 구한 이상 체중으로 비만도를 구할 수 있는데, 비만도(%)는 현재 몸무게를 이상 체중으로 나눈 후 100을 곱한 것으로 비만도가 90% 미만이면 체중 미달, 90~110% 사이면 정상, 110~120%이면 과체중, 120% 이상이면 비만입니다.

④ 제목 달기

▶ **이상 체중 구하는 방법** : 본문의 내용 중 일부분에만 해당하기 때문에 제목으로 하기에는 범위가 좁습니다.

▶ **비만도 구하는 방법** : 본문의 내용 중 일부분에만 해당되기 때문에 제목으로 하기에는 범위가 좁습니다..

▶ **이상 체중과 비만도** : 본문은 건강 상태와 키, 몸무게를 고려한 다이어트를 하기 위해 이상 체중과 비만도를 알아보는 방법에 관한 글이므로 이것이 제목으로 가장 적절합니다.

▶ **다이어트에 좋은 음식** : 본문에서 다루지 않은 내용이므로 이 글과 전혀 관련이 없는 제목입니다.

▶ **다이어트의 여러 가지 방법** : 본문에서 언급된 내용이 아니기 때문에 이 글과는 관계없는 제목입니다.

 16 회 73쪽~76쪽

 퍼즐

 문제1 ❸

문제2 ❸

 정답

① 핵심어 찾기 ✕, ○, ✕, ○, ○, ○, ○, ✕, ✕, ○

② 글의 짜임 그리기 ⑦⑤, ⓝ③, ⓓ②, ㉣⑧, ⓜ⑥

③ 요약 하기 ⑦⑤, ⓝ③, ⓓ⑧, ㉣⑥, ⓜ⑦

④ 제목 달기 ✕, △, ✕, ○, △

 해설

제시문 정리하기

제시문은 혈액형에 대한 속설 중 성격의 특징을 설명한 글입니다. 우리는 혈액형에 따라 성격을 판단하고는 합니다. 혈액형별로 성격을 살펴보면 A형 여자는 책임감이 강하며, A형 남자는 성실하고 원칙을 잘 지킵니다. B형 여자는 행동파이자 기분파이고, B형 남자는 자유분방하며 즉흥적입니다. O형 여자는 모든 일에 신중하여 실수가 적고, O형 남자는 목적 의식이 뚜렷하고 따뜻한 인간미를 가지고 있으며 명예를 소중히 여깁니다. AB형 여자는 합리적이고 상황 적응이 빠르며 대인 관계도 원만합니다. AB형 남자는 합리적으로 생각하면서도 늘 변화를 추구합니다.

④ 제목 달기

▶ **별자리별 성격의 특징** : 본문에 언급된 내용이 아니기 때문에 이 글과는 관계없는 제목입니다.

▶ **A형 여자의 성격** : 네 가지 혈액형의 성격 중 일부에 해당하므로 제목으로 하기에 범위가 좁습니다.

▶ **혈액이 우리 건강에 미치는 영향** : 본문에 언급된 내용이 아니기 때문에 이 글과는 관계없는 제목입니다.

▶ **혈액형별 성격의 특징** : 본문은 혈액형별로 어떠한 성격을 가지고 있는지에 대해 설명하고 있으므로, 이것이 제목으로 가장 적절합니다.

▶ **B형 여자와 B형 남자의 성격** : 네 가지 혈액형의 성격 중 일부에 해당하므로 제목으로 하기에 범위가 좁습니다.

 17회 77쪽~80쪽

 퍼즐

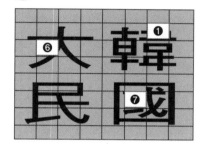

 정답

① 핵심어 찾기 1, 1, 1, 1, 5, 2

② 글의 짜임 그리기 ㉮②, ㉯⑤, ㉰⑥

③ 요약 하기 ㉮⑤, ㉯③, ㉰⑥

④ 제목 달기 ✕, □, △, ○, △

 해설

제시문 정리하기

제시문은 2007년 12월 30일 실질적인 사형 폐지국이 된 우리나라에서 아직도 논쟁 중인 사형 제도 폐지 논란에 대해 설명하는 글입니다. 사형 제도를 존속하자는 주장에 대한 근거는 첫째, 살인범과 같은 흉악범은 극형에 처해야 한다는 것과 둘째, 현실적으로 사형이 범죄 예방과 억제에 큰 영향을 미친다는 것입니다. 반대로 사형 제도를 폐지하자는 주장에 대한 근거는 재판에서 오판이 생길 수도 있다는 것과 사람이 사람을 판결하고 죽이는 것은 인도주의에 어긋난다는 것입니다.

④ 제목 달기

▶ **영국의 사형 제도 논란** : 본문은 우리나라의 사형 제도 논쟁에 관한 내용이므로 관계없는 제목입니다.

▶ **사형 제도에 대한 여러 의견들** : '사형 제도가 오히려 완전 범죄를 부추길 수도 있다.', '악행을 저지른 사람도 새롭게 변화될 여지가 있다.' 등, 본문에서 제시한 것 말고도 사형 제도 존속과 폐지에 대한 여러 의견이 있기 때문에 이것을 제목으로 하기에는 범위가 넓습니다.

▶ **생명의 존귀성** : 사형 제도를 폐지해야 한다는 주장의 근거 중 하나일 뿐이므로 제목으로 하기에는 범위가 좁습니다.

▶ **우리 나라의 사형 제도 폐지 논란** : 본문은 우리나라의 사형 제도를 폐지할 것인가 존속할 것인가에 관한 논쟁에 대한 내용이므로 이것이 제목으로 가장 적절합니다.

▶ **사형 제도를 존속해야 하는 이유** : 본문 내용의 일부분에만 해당하는 내용이므로 제목으로 하기에는 범위가 좁습니다.

 18회 81쪽~84쪽

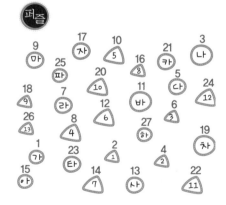 퍼즐

 정답

① 핵심어 찾기 3, 1, 6, 1, 1, 1

② 글의 짜임 그리기 ㉮③, ㉯②, ㉰④, ㉱⑧

③ 요약 하기 ㉮③, ㉯⑧

④ 제목 달기 △, ○, △, ✕, △

 해설

제시문 정리하기

제시문은 기네스북이 만들어진 과정을 육하원칙으로 설명한 글입니다. 기네스북은 영국의 노스와 노리스 형제가 만든 책입니다. 세계의 진기한 기록들을 모아서 만든 기네스북은 1955년에 창간되었습니다.

④ 제목 달기

▶ **세계에서 제일 비싼 초콜릿은 얼마일까요?** : 본문의 첫 번째 문단에 제시되어 있으나, 이것은 기네스북을 설명하기 위한 소재이므로 글 전체를 아우르는 제목이 되기에는 범위가 좁습니다.

▶ **기네스북이란 무엇일까요?** : 이 글은 기네스북의 탄생 과정과 내용의 특징 등을 이야기하고 있으므로 이것이 제목으로 가장 적절합니다.

▶ **세계에서 제일 혀가 긴 사람은 누구일까요?** : 본문의 첫 번째 문단에 제시되어 있으나, 이것은 기네스북을 설명하기 위한 소재이므로 글 전체를 포괄하는 제목이 되기에는 부족합니다.

▶ **세계에서 가장 비싼 물건은 무엇일까요?** : 기네스북에 실릴 만한 내용이지만 본문에서 다루고 있지 않으므로 이 글과 관계없는 제목입니다.

▶ **기네스북이 담고 있는 내용은 무엇일까요?** : 본문의 내용 중 일부분에 해당하는 것이므로 제목으로 하기에는 범위가 좁습니다.

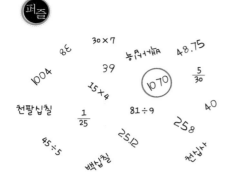

 핵심어 찾기 ○, ×, ○, ○, ×, ×, ○, ○, ×, ×

글의 짜임 그리기 ㉮②, ㉯③, ㉰④

요약하기 ㉮③, ㉯⑥⑦

 제목 달기 △, ○, ▢, △, ×

해설

제시문 정리하기

제시문은 아르헨티나의 문화 중에서 탱고(Tango), 마떼(Mate), 아사도(Asado)에 대해 설명한 글입니다. 아르헨티나는 탱고(Tango), 마떼(Mate), 아사도(Asado)로 유명합니다. 남녀 한 쌍이 추는 육감적이고 낭만적인 춤인 탱고는, 이민자들의 고향에 대한 그리움을 달래기 위한 경쾌한 리듬의 춤곡입니다. 마떼는 아르헨티나 사람 대부분이 갈증이 날 때나 휴식을 즐길 때 즐겨 마시는 아르헨티나의 국민 음료입니다. 그리고 아사도는 한나절 동안 굽는 통고기와 갈빗대 숯불구이 요리로 양념이 따로 없다는 것이 이색적입니다.

제목 달기

▶ **아르헨티나의 탱고** : 본문에서 다룬 아르헨티나의 문화 중 하나이므로 제목으로 하기에는 범위가 좁습니다.

▶ **아르헨티나의 대표적인 문화** : 이 글은

아르헨티나의 문화 중 특히 유명한 '탱고, 마떼, 아사도'에 관해 설명하고 있습니다. 따라서 이것이 제목으로 적절합니다.

▶ **아르헨티나의 다양한 문화와 삶** : 아르헨티나에는 탱고, 마떼, 아사도 외에도 여러 가지 문화가 있지만 본문에서는 이 세 가지에만 주목하고 있으므로 이 글의 제목이 되기에는 범위가 넓습니다.

▶ **마떼와 아사도** : 본문에 언급한 아르헨티나의 문화 중 탱고가 빠져 있으므로 제목으로 하기에는 범위가 좁습니다.

▶ **왈츠와 밸리댄스** : 본문에 언급된 내용이 아니기 때문에 이 글과는 관계없는 제목입니다.

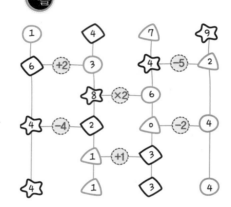

 핵심어 찾기 1, 2, 5, 3, 2, 1

글의 짜임 그리기 ㉮②, ㉯④, ㉰⑤, ㉱⑥

요약하기 ㉮④, ㉯⑤, ㉰⑥

제목 달기 ×, △, ○, △, ×

해설

제시문 정리하기

제시문은 우리말의 관용어 중 유래담이 있는 관용어에 대한 글입니다. 본문에서는 유

래담을 가진 관용어의 세 가지 예를 들어 유래담과 함께 설명하고 있습니다. '시치미를 떼다.'라는 말은 자기가 하고도 아니한 체하는 태도를 뜻하고, '어처구니가 없다.'는 황당하거나 당황스러운 일을 겪었을 때 사용하는 말입니다. '산통을 깨다.'는 바라지 않은 일 때문에 잘 되던 일을 이루지 못하게 되는 경우에 사용하는 말입니다.

제목 달기

▶ **우리말의 속담** : 본문에 언급된 내용이 아니기 때문에 이 글과는 관계없는 제목입니다.

▶ **'시치미를 떼다.'의 유래** : 본문에서 설명한, 유래담이 있는 관용어의 예 중 하나이기 때문에 제목으로 삼기에는 범위가 좁습니다.

▶ **유래담이 있는 관용어** : 본문은 관용어 중에서도 유래담이 있는 관용어의 세 가지 예를 설명하고 있으므로 이것이 제목으로 적절합니다.

▶ **'어처구니가 없다.'의 뜻과 유래** : 본문에서 설명한 유래담이 있는 관용어의 예 중 하나이기 때문에 제목으로 삼기에는 범위가 좁습니다.

▶ **'가는 날이 장날이다.'의 뜻** : 널리 쓰이는 관용어이지만 본문에 언급된 내용이 아니기 때문에 이 글과는 관계없는 제목입니다.

정답

1 핵심어 찾기 1, 1, 1, 4, 1, 1

2 글의 짜임 그리기 ㉮④, ㉯①③, ㉰②⑤, ㉱⑥

3 요약하기 ㉮④, ㉯⑥

4 제목 달기 ○, ×, ×, △, △

해설

제시문 정리하기

제시문은 만화 전문 학교에 지원하는 학생의 지원서 형식의 글입니다. 이 글을 통해 지원서의 기본 틀을 볼 수 있습니다. 지원서에는 일단 만화 전문 학교를 지원한 이유를 써야 합니다. 마진준은 만화 전문 학교의 오노장 선생님을 존경하여 이 학교에 지원하였다고 합니다. 그리고 마진준은 교내 백일장에서 입상하고 어릴 때부터 미술에 소질이 있다는 말을 들었다는 내용을 지원서에 적었습니다. 많은 만화책을 보고 따라 그리는 연습을 하고, 직접 그린 만화를 인터넷에 올려서 사람들의 평가를 받기도 했다는 부분에서는 마진준의 만화에 대한 흥미와 꾸준한 연습을 알 수 있습니다. 마지막으로 지원서에는 앞으로의 각오에 대한 내용도 필요합니다. 마진준은 어린이들에게 꿈과 희망을 줄 수 있는 만화를 그리는 만화가가 되고 싶다고 자신의 각오를 밝히고 있습니다.

4 제목 달기

▶ 마진준의 만화 전문 중학교 입학 지원서 : 이 글은 만화 전문 중학교를 입학하기 위한 초등학교 6학년 학생인 마진준의 지원서이므로 이것이 제목으로 가장 적절합니다.

▶ 유명한 만화가가 되는 방법 : 본문에 언급된 내용이 아니기 때문에 이 글과는 관계없는 제목입니다.

▶ 마진준의 영화 전문 중학교 입학 지원서 : 본문에서 다룬 내용이 아니기 때문에 이 글과는 관계없는 제목입니다.

▶ 만화가를 예술가라고 생각하는 이유 : 마지막 문단에 나타난 내용이지만 전체를 포괄하는 내용은 아니기 때문에 제목으로 삼기에 부족합니다.

▶ 마진준의 앞으로의 각오 : 넷째 문단에서 언급한 내용이지만 전체를 포괄하는 내용은 아니기 때문에 제목으로 삼기에 부족합니다.

문제1 ❷

문제2 ❸

1 핵심어 찾기 ○, ×, ○, ○, ×, ○, ×, ×

2 글의 짜임 그리기 ㉮④, ㉯⑤, ㉰⑧, ㉱⑥

3 요약하기 ㉮②, ㉯④, ㉰①

4 제목 달기 ×, △, △, ×, ○

제시문 정리하기

제시문은 세계 여러 나라의 축제를 소개하는 글입니다. 세계에는 다양한 축제들이 있습니다. 스페인의 토마토 축제는 서로에게 토마토를 던지면서 한데 어우러지는 축제이고, 홍콩의 중추절 등불 카니발 축제는 우리의 추석과 비슷한 것으로, 이때 홍콩의 거리는 등불로 장식되고 친구나 가족과 함께 등불을 밝히고 소원을 빕니다. 노르웨이의 바이킹 축제는 노르웨이의 민족 독립이 선포되고 정부가 성공적으로 세워진 날을 기념하는 것이고, 독일의 10월 축제는 테레즈 공주와 루드빅 1세의 왕자의 결혼 축하로 사람들에게 맥주를 대접했던 것에서 비롯되었는데, 이 기간에는 약 5백만 리터의 맥주가 소비된다고 합니다.

4 제목 달기

▶ 우리나라의 축제 : 본문에 언급된 내용이 아니기 때문에 이 글과는 관계없는 제목입니다.

▶ 스페인의 축제 : 본문에서 소개한 여러 축제 중 하나의 예이기 때문에 글 전체의 제목으로 삼기에는 범위가 좁습니다.

▶ 노르웨이의 축제 : 본문에서 소개한 여러 축제 중 하나의 예이기 때문에 글 전체의 제목으로 삼기에는 부족합니다.

▶ 일본의 축제 : 본문에서 다룬 내용이 아니기 때문에 이 글과는 관계없는 제목입니다.

▶ 세계 여러 나라의 축제 : 이 글은 세계 여러 나라의 축제에 대해 소개하는 글이므로 이것이 제목으로 가장 적절합니다.

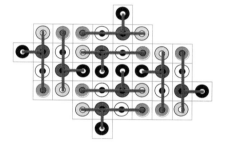

1 핵심어 찾기 4, 2, 1, 16, 1, 4

2 글의 짜임 그리기 ㉮②, ㉯①, ㉰⑤⑥, ㉱⑦

3 요약하기 ㉮⑦, ㉯④

4 제목 달기 △, ○, ×, △, ×

제시문 정리하기

제시문은 왈츠에 대해 설명하는 글입니다. 왈츠라는 이름의 어원, 춤의 모습, 왈츠 곡 등을 알 수 있습니다. 왈츠라는 이름은 대개 독일어의 'waltzen(구르다, 돌다)'에서 온 것으로 보고 있으나 프랑스 프로방스의 옛 춤 '볼타(volta)'에서 비롯되었다는 이야기도 있습니다. 왈츠를 추는 모습은 마치 물결이 흐르는 모양처럼 우아하고 아름답습니다. 이러한 왈츠의 아름다움에 반한 유명한 음악가들은 많은 왈츠 곡들을 작곡하게 되는데, 그 중 쇼팽의 '강아지 왈츠'와 '고양이 왈츠'가 유명합니다.

④ 제목 달기

▶ **왈츠라는 이름의 유래** : 첫째 문단에 나오는 내용이지만 본문 전체를 아우르지는 못하기 때문에 제목으로 삼기엔 범위가 좁습니다.

▶ **왈츠에 대해** : 이 글은 왈츠의 전반적인 내용을 설명하고 있는 글이기 때문에 이것이 제목으로 가장 적절합니다.

▶ **아름다운 삼바춤** : 본문에 언급된 내용이 아니기 때문에 이 글과는 관계없는 제목입니다.

▶ **강아지 왈츠** : 마지막 문단에 나오는 내용이지만 글 전체를 아우르지는 못하기 때문에 제목으로 삼기엔 부족합니다.

▶ **우리나라의 전통 춤의 유래** : 본문에서 다룬 내용이 아니기 때문에 이 글과는 관계없는 제목입니다.

 24 회 105쪽~108쪽

 퍼즐

 정답

① **핵심어 찾기** 1, 9, 1, 2, 11, 2

② **글의 짜임 그리기** 가 ①, 나 ③, 다 ⑦

③ **요약 하기** 가 ⑥, 나 ⑦

④ **제목 달기** ×, □, ×, ○, ×

해설

제시문 정리하기

제시문은 신라 시대의 해상 무역가인 장보고에 대한 글입니다. 장보고는 신라 시대 때 신라의 무역 활동을 활발하게 만든 사람입니다. 해적들이 신라 무역선을 빼앗고 신라인들을 노예로 파는 것을 본 장보고는 청해진에 성을 쌓고 군사들을 대기시켜서 신라 무역선을 괴롭히는 해적들을 물리쳤고, 그 덕분에 신라 무역은 활기를 되찾을 수 있었습니다.

④ 제목 달기

▶ **당나라를 빛낸 위인들** : 본문에 언급된 내용이 아니기 때문에 이 글과는 관계없는 제목입니다.

▶ **장보고의 삶** : 본문에는 장보고의 해상 무역가로서의 면모만 나타나 있으므로 제목으로 삼기에 범위가 너무 넓습니다.

▶ **바다의 왕자 박명수** : 본문에서 다룬 내용이 아니기 때문에 이 글과는 관계없는 제목입니다.

▶ **신라의 해상 무역가 장보고** : 신라의 해상 무역을 위기에서 구해 낸 장보고에 대한 글이므로 이것이 제목으로 가장 적절합니다.

▶ **이순신 장군의 해상무역** : 본문에 언급된 내용이 아니기 때문에 이 글과는 관계없는 제목입니다.

 25 회 109쪽~112쪽

 퍼즐

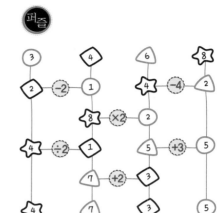

 정답

① **핵심어 찾기** ○, ×, ○, ○, ×, ×, ○, ×, ○, ○

② **글의 짜임 그리기** 가 ③, 나 ④, 다 ②, 라 ⑪, 마 ⑨

③ **요약 하기** 가 ⑤, 나 ③, 다 ⑥, 라 ④, 마 ①, 바 ②

④ **제목 달기** △, ○, △, ×, ×

해설

제시문 정리하기

제시문은 만 원권, 오천 원권, 천 원권 지폐에 그려져 있는 위인들의 옷과 모자에 대해 설명하는 글입니다. 우리나라 지폐에 그려진 위인들은 저마다 다른 의복을 갖추고 있는데, 이는 옛날에는 신분과 지위에 따라 옷과 모자의 모양과 색깔 등이 달랐기 때문입니다. 만 원권 지폐에는 곤룡포를 입고 익선관을 쓴 세종대왕의 모습이 그려져 있고, 오천 원권 지폐에는 대창의를 입고 정자관을 쓴 율곡 선생의 모습이 그려져 있습니다. 그리고 천 원권 지폐에는 심의를 입고 복건을 쓴 퇴계 선생의 모습이 그려져 있습니다.

4 제목 달기

▶ 천 원권에 그려진 위인의 옷과 모자 : 본문 내용의 일부분에만 해당하기 때문에 제목으로 하기에는 범위가 좁습니다.

▶ 우리나라 지폐에서 볼 수 있는 신분에 따른 의복 차이 : 본문은 만 원권의 세종대왕, 오천 원권의 율곡 선생, 천 원권의 퇴계 선생의 의복을 통해 옛 조상들의 옷차림에 대해 설명하고 있는 글이므로, 이것이 제목으로 가장 적절합니다.

▶ 오천 원권에 그려진 위인의 옷과 모자 : 본문 전체의 내용을 포괄하지 못하기 때문에 제목으로 삼기에는 부족합니다.

▶ 우리나라 동전에 그려진 위인들의 옷과 모자 : 본문은 지폐에 그려진 위인들의 옷과 모자에 대해 설명하고 있으므로, 이 글과 관계없는 제목입니다.

▶ 조선 시대 유행의 선두 주자 : 위인들의 의복이 각각 다른 이유는 각자의 취향과 유행에 대한 관심이 아니라 신분의 차이 때문입니다. 따라서 이 제목은 글의 내용과 전혀 관계가 없습니다.

26회 113쪽~116쪽

 퍼즐

 정답

1 핵심어 찾기 1, 1, 12, 3, 1, 1

2 글의 짜임 그리기 가⑥, 나⑦, 다⑤

3 요약하기 가④, 나⑦

---

4 제목 달기 ○, □, △, ×, △

해설

제시문 정리하기

제시문은 '한지는 장점이 많은 우리 고유의 뛰어난 종이입니다.'라는 주장과, 주장을 뒷받침하는 4가지의 근거로 이루어진 글입니다. 근거의 내용은 '첫째, 종이가 질겨서 쉽게 찢어지지 않고 매우 튼튼하다', '둘째, 글씨를 쓰면 잘 번지지 않고 잘 써진다.', '셋째, 수명이 아주 길어 수백 년이 지나도 원래의 모습을 유지한다.', '넷째, 종이 질이 부드러우며 빛깔이 곱고 은은하다.'입니다.

4 제목 달기

▶ 장점이 많은 우리 고유의 종이 '한지' : 본문은 '우리 고유의 종이인 한지는 장점이 많다.'라는 주장을 내세우는 글이므로, 이것이 제목으로 가장 적절합니다.

▶ 우리나라의 종이들 : 첫 문단에 언급된 내용이지만 본문은 한지에 초점이 맞추어져 있기 때문에 이 글의 제목으로는 범위가 넓습니다.

▶ 한지의 긴 수명 : 한지의 긴 수명은 한지의 여러 장점 중 하나이기 때문에 글의 내용을 모두 담기에 부족합니다.

▶ 오늘날 한지의 사용이 줄어든 이유 : 본문에 언급된 내용이 아니기 때문에 이 글과 관계없는 제목입니다.

▶ 한지가 쉽게 찢어지지 않는 이유 : 한지의 장점 중 첫 번째 내용에만 해당하므로 제목으로 하기에는 범위가 좁습니다.

27회 117쪽~120쪽

 퍼즐

			0		
×	0	0		1	0
2			×		
×	2	1			
2	×			0	
0		1			
0	0	2	×	3	1
	3	×	×	2	0
1 ×	1	×	4	×	2

 정답

1 핵심어 찾기 ○, ×, ×, ○, ×, ○, ○, ×, ○, ○

2 글의 짜임 그리기 가①, 나③, 다⑤, 라⑦, 마⑨, 바⑧

3 요약하기 가①, 나③, 다⑤

4 제목 달기 □, △, ○, △, ×

 해설

제시문 정리하기

제시문은 '우리 고유의 민속놀이'에 대한 글입니다. 우리 조상들은 민속놀이를 통해 이웃 간의 정을 두텁게 하고 즐거움과 힘을 얻었다고 합니다. 이 글에서는 특히 우리나라의 민속놀이 중에서 고싸움, 씨름, 줄다리기, 널뛰기, 그네뛰기의 특징을 설명하고 있습니다.

4 제목 달기

▶ 세계의 민속놀이 : 본문은 '우리나라 고유의 민속놀이'에 대한 글이므로 제목으로 하기에는 범위가 넓습니다.

▶ 씨름과 고싸움 : 본문 내용의 일부에만 해당하기 때문에 제목으로 하기에는 범위가 좁습니다.

▶ 우리 고유의 민속놀이 : 본문은 먼 옛날부터 전해 내려오는 전통놀이인 민속놀

이에 대한 글이므로, 이것이 제목으로 가장 적절합니다.

▶ **널뛰기와 그네뛰기** : 본문 내용의 일부에만 해당하기 때문에 제목으로 하기에는 범위가 좁습니다.

▶ **재미있는 컴퓨터 게임** : 본문에서 다루지 않은 내용이기 때문에 이 글과 전혀 관계가 없습니다.

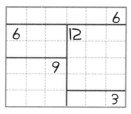

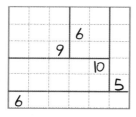

정답

① **핵심어 찾기** 1, 6, 4, 1, 10, 1

② **글의 짜임 그리기** ㉮⑥⑦④②, ㉯①, ㉰⑤⑧③

③ **요약하기** ㉮⑥⑦②, ㉯⑧, ㉰⑤③

④ **제목 달기** ✕, △, △, ○, △

해설

제시문 정리하기

제시문은 '항성과 행성'의 공통점과 차이점에 대한 글입니다. 옛날 조상들은 밤하늘에 빛나는 천체를 크게 항성과 행성으로 구분하였습니다. 항성은 늘 같은 위치에서 빛을 방출하는 천체로, 우리 태양계에서는 태양만이 유일한 항성입니다. 항성은 지구에서 매우 먼 곳에 있습니다. 행성은 지구처럼 태양 주위를 돌면서 스스로 빛을 만들지 못하고 항성의 빛을 반사하는 천체로, 우리 태양계에는 수성, 금성, 지구, 화성, 목성, 토성, 천왕성, 해왕성이 있습니다. 이들 행성들은 항성에 비해 우리 지구와 아주 가까운 곳에 있습니다.

④ **제목 달기**

▶ **별자리 이야기** : 본문에서 다루지 않은 내용이므로 이 글과 관계가 없습니다.

▶ **항성의 특징** : 본문에서 설명하고 있는 내용이지만 '행성과 항성' 모두를 포함하고 있지 못하기 때문에 제목으로 하기에는 범위가 좁습니다.

▶ **항성은 어떻게 빛을 낼까?** : 본문 내용 중 일부에만 해당하므로 제목으로 하기에는 범위가 좁습니다.

▶ **항성과 행성의 공통점과 차이점** : 본문은 항성과 행성의 특성을 공통점과 차이점을 들어 설명하는 글이므로 이것이 제목으로 가장 적절합니다.

▶ **행성이란 무엇인가?** : 본문의 내용 중 항성에 관한 것을 포함하지 못하기 때문에 제목으로 하기에는 범위가 좁습니다.

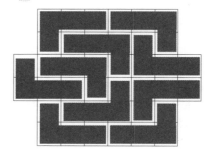

정답

① **핵심어 찾기** ○, ✕, ○, ✕, ○, ✕, ○, ✕

② **글의 짜임 그리기** ㉮②, ㉯⑥⑦, ㉰⑧④, ㉱⑤

③ **요약하기** ㉮⑦, ㉯④, ㉰⑤

④ **제목 달기** △, △, ✕, ○, ✕

해설

제시문 정리하기

제시문은 화산의 종류를 분류해 설명한 글입니다. 화산은 활동 정도에 따라 활화산, 휴화산, 사화산으로 나누어집니다. 활화산은 현재 활동하고 있거나 과거에 분화한 적이 있었던 화산으로, 킬라우에아 화산이나 므라피 화산이 이에 속합니다. 휴화산은 지금은 활동을 쉬고 있지만 언젠가는 다시 활동할 가능성이 있는 것으로 보이는 화산으로 백두산과 한라산이 이에 속합니다. 사화산은 다시는 분화하지 않을 것으로 예상되는 화산입니다.

④ **제목 달기**

▶ **활화산과 휴화산** : 본문에서 설명한 화산의 종류 중 사화산을 포함하지 못하기 때문에 제목으로 하기에는 범위가 좁습니다.

▶ **대표적인 활화산** : 본문 내용 중 일부에만 해당하므로 제목으로 하기에는 충분하지 못합니다.

▶ **화산의 피해** : 본문에 언급된 내용이 아니기 때문에 이 글과 관계없는 제목입니다.

▶ **화산의 종류** : 본문은 화산을 활동 정도에 따라 활화산, 휴화산, 사화산으로 분류하여 설명하는 글이므로 이것이 제목으로 가장 적절합니다.

▶ **지진의 피해** : 본문에서 다룬 내용이 아니기 때문에 이 글과 전혀 관계가 없습니다.

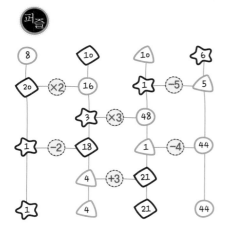

30 회 129쪽~132쪽

보게 되었습니다. 그는 이를 본떠 술통 모양의 배를 만들게 되었고 이것이 바로 세계 최초의 잠수함입니다.

4 제목 달기

▶ **최초의 잠수함을 만든 사람은 누구일까?** : 최초의 잠수함을 만든 사람에 대한 소개뿐 아니라, 잠수함이 만들어진 과정에 대한 전반적인 이야기를 하고 있기 때문에 본문의 내용을 모두 담기에 부족합니다.

▶ **세계 최초의 비행기** : 본문에서 다룬 내용이 아니므로 이 글과 관계없는 제목입니다.

▶ **러시아의 함대** : 본문에서 다루지 않은 내용이므로 이 글과 전혀 관계가 없습니다.

▶ **최초의 잠수함은 언제 만들어졌을까?** : 본문 내용의 일부에만 해당하기 때문에 제목으로 하기에는 범위가 좁습니다.

▶ **세계 최초의 잠수함** : 본문은 약 200년 전 데이비스 브슈넬에 의해 만들어진 최초의 잠수함에 관하여 육하원칙의 구성에 따라 설명한 글이므로, 이것이 제목으로 가장 적절합니다.

정답

1 핵심어 찾기 4, 2, 6, 1, 1, 1

2 글의 짜임 그리기 가 ⑧, 나 ⑦, 다 ②, 라 ⑪

3 요약하기 가 ⑦, 나 ⑧, 다 ②

4 제목 달기 △, ✕, ✕, △, ○

제시문 정리하기

제시문은 세계 최초의 잠수함을 언제, 누가, 어떻게, 왜 만들었는지 설명하는 글입니다. 지금으로부터 약 200년 전 미국이 영국의 식민지로 있던 시절, 독립 운동이 일어나자 영국의 해군을 물리치기 위한 방법을 고심하던 미국의 데이비스 브슈넬은 우연히 바닷물 속 술통이 가라앉았다 떠오르는 것을